STEIDL

taschenbuch 216

Maeve Brennan, 1917 in Dublin geboren, trat 1949 in die Redaktion der Zeitschrift »New Yorker« ein. Bis 1973 veröffentlichte sie dort Kolumnen, Essays und Erzählungen. Sie starb 1993, mittellos, vereinsamt und vergessen, in New York. Bei Steidl erschienen ihre Bücher »Die Besucherin«, »Der Teppich mit den großen pinkfarbenen Rosen« und »Der Morgen nach dem großen Feuer«.

Maeve Brennan

Mr. und Mrs. Derdon

Geschichten einer Ehe

Aus dem Englischen von Hans-Christian Oeser

Steidl

Die Erzählungen sind eine Auswahl aus dem Band
»The Springs of Affection. Stories of Dublin«, zuerst erschienen bei
Houghton Mifflin Company, Boston/New York 1997

09 10 11 12 13 9 8 7 6 5 4 3 2 1

Lektorat: Claudia Glenewinkel
Umschlaggestaltung: Steidl Design
unter Verwendung eines Fotos der Autorin von Karl Bissinger
Satz, Druck, Bindung:
Steidl, Düstere Str. 4, 37073 Göttingen
www.steidl.de
Printed in Germany
ISBN 978-3-86521-893-3

Inhalt

Inhalt

Eine freie Wahl

Rose stand herum und wartete darauf, daß der Tanz, ein Walzer, zu Ende ging. Es war ihr unangenehm, so ganz ohne Partner dazustehen. Sie wunderte sich, daß Hubert Derdon nicht nach ihr gesucht hatte, um sie aufzufordern oder um sie zu fragen, ob sie Lust hätte, ins Speisezimmer zu gehen und eine Kleinigkeit zu essen. Einige der anderen Gäste hielten sich dort im Speisezimmer auf, das wußte sie, aber allein traute sie sich nicht hinein. Am liebsten hätte sie sich hingesetzt, um nicht so aufzufallen, doch an den Seitenwänden des Zimmers waren keine Stühle aufgereiht, nur an den Stirnseiten. Mrs. Ramsays Salon, dessen Möbel für den Tanz beiseite geräumt worden waren, kam ihr riesig vor, und dort, wo Rose stand, erschienen ihr die Stirnseiten des Zimmers nicht nur weit entfernt, sondern unerreichbar. Sofas und Sessel waren zusammengeschoben worden, dort saßen Leute beisammen, die sich untereinander sehr gut kannten, denen sie aber mehr oder weniger fremd war. Sie war jünger als die anderen und wollte nicht den Anschein erwecken, als dränge sie sich ihnen auf. Ihre Mutter hatte sie ermahnt, nicht aufdringlich zu sein. Überhaupt war sie nur durch Zufall auf diese Party geraten. Father Kane hatte ihre Einladung arrangiert. Die Party wurde für die Angestellten von Ramsay's ausgerichtet, jenem Geschäft, in dem Roses Vater bis zu seinem Tod gearbeitet hatte. Father Kane war sehr gütig. Er hatte sogar dafür gesorgt, daß Rose in dem Wagen mitfahren konnte, mit dem eine Gruppe Mädchen von Ramsay's zur Party gebracht wurde.

Rose fand das Zimmer sehr hübsch. Sie stand vor bodenlangen blauen Samtvorhängen. Das Blau der Vorhänge stellte das Blau ihres Kleides in den Schatten, dabei war auch ihr Kleid aus Samt. Rose fand, daß das selbstgeschneiderte Kleid, das zu Hause so imposant gewirkt hatte, mit der Pracht der Vorhänge nicht konkurrieren konnte, und da sie mit den Vorhängen nicht konkurrierte, hatte sie das Gefühl, daß sie ihr Schutz gewährten: so wie sie von den hohen Fenstern hinter ihr zu Boden fielen, hätten sie auch vor ihr zu Boden fallen können. Sie hatte sich darauf gefreut, dieses Zimmer zu sehen, das in der ganzen Stadt bekannt war, auch wenn nicht viele Menschen das Privileg genossen, dem Haus einen Besuch abzustatten und es mit eigenen Augen zu sehen. Die Samtvorhänge hatte sie gleich beim Betreten des Salons erkannt und sich sofort zu Hubert Derdon umgewandt, um sich mit ihm darüber zu unterhalten, doch als sie sich eben umgewandt hatte, war Mr. Lord, ein uralter Freund ihres Vaters, auf sie zugekommen und hatte sie um den nächsten Tanz gebeten, und schon war sie schüchtern und nervös mit ihm davongetanzt, und als der Tanz zu Ende ging, war Hubert verschwunden. Seitdem hatte sie keine Gelegenheit gehabt, sich mit ihm auszutauschen und ihm zu berichten, was sie über die Vorhänge wußte.

Gleich zu Anfang, als sie durch die Haustür in die große Eingangshalle getreten war, hatte sie einen Blick auf die Vorhänge erhascht und nicht schlecht gestaunt, so als habe sie eine verehrte Freundin aus alten Zeiten wiedergesehen, die wiederzusehen sie nie zu hoffen gewagt hätte. Da also hingen die Vorhänge, von denen ihr Vater ihr vorgeschwärmt hatte, und sie waren genauso, wie er sie beschrieben hatte. Dabei hatte er sie gar nicht in fertigem Zustand gesehen. In den Monaten vor seinem Tod war Roses Leben von Gesprächen über Samt erfüllt gewesen, er hatte Stoffproben mit nach Hause gebracht, um sie ihr zu zeigen – rosa Samt und roten Samt, grünen Samt in verschiedenen Schattierungen, gelben Samt, der bernsteinfarben hieß, den er jedoch Altgold nannte, mausgrauen Samt, orangenen Samt und eben Blau, seine Lieblingsfarbe, jedes denkbare Blau. Viele der Angestellten, die seit Jahren bei Ramsay's arbeiteten, waren abgeordnet worden, in dieser oder jener Eigenschaft bei der Innenausstattung von Mrs. Ramsays Haus mitzuwirken, und Roses Vater war die Aufgabe zugefallen, den Samt für die Vorhänge auszuwählen. Er mußte das richtige Gewicht und die richtige, zur Tapete passende Farbe finden; die Tapete sei bei einer englischen Firma ausgesucht worden, die die vornehmsten Häuser Londons beliefere, hatte Mrs. Ramsay ihm erklärt. Ein Stück dieser Tapete und die Stoffproben, die er zusammengetragen hatte, nahm er mit nach Hause, um sie Rose zu zeigen; gemeinsam beugten sie sich jeden Abend darüber, und am Morgen brachte er sie wieder ins Geschäft. Er konnte nicht alle Proben mitnehmen, um sie Rose zu zeigen – bei etlichen, die aus Italien stammten, wollte er nicht Gefahr laufen, sie zu verlieren –, aber diejenigen, die er nicht mitbringen konnte, beschrieb er ihr. Er behauptete, Rose habe einen ungewöhnlich ausgeprägten Sinn für Farben, und war stolz, wenn sie, nachdem er sämtliche Proben auf dem Küchentisch ausgebreitet hatte, den Finger auf die Farben legte, die sie bevorzugte, und es immer die gleichen Farben waren, die auch ihm am besten gefielen.

Damals war sie erst neun, inzwischen schon fast zwanzig, und da hingen die Vorhänge nun und sahen zweifellos genauso neu aus wie an dem Tag, als sie aufgehängt worden waren. Mrs. Ramsay hatte dazu geneigt, ein Blaurot auszuwählen, Roses Vater dagegen hatte sein Herz an ein richtiges Königsblau gehängt und sie zu seiner Auffassung bekehrt. Auf seinen Sieg war er sehr stolz gewesen. Er und Rose hatten sich darüber gefreut. Er versprach Rose, sie, sobald die Vorhänge angebracht wären, irgendwie ins Haus zu schmuggeln, damit sie sie besichtigen könne. Auch wollte er, daß Rose den geräumigen Speisesaal und die große, breite Eingangshalle sähe, in der es sogar einen Kamin gab. Im Obergeschoß war er noch nicht gewesen, aber er erzählte Rose, die Zimmer oben könne er sich sehr gut vorstellen – wie schön sie sein mußten, alle stilvoll möbliert.

Einmal hatte er gesehen, wie ein gläserner Frisiertisch die Treppe hinaufgetragen wurde – Mrs. Ramsays neue Frisierkommode. Er sagte zu Rose: »So was habe ich noch nie gesehen. Um den zu finden, muß sie bis ins Feenreich gereist sein! Er hat in einer großen Holzkiste auf dem Rasen vor dem Haus gestanden, und die beiden Männer, die ihn gebracht hatten, wollten ihn auspacken. Sie liefen um die Kiste herum, betrachteten sie und klopften sie ab, um die richtige Stelle zum Öffnen zu finden. Um den Tisch herauszuheben, haben sie nicht etwa den Deckel von der Kiste entfernt, sondern die Kiste Stück für Stück auseinandergenommen, um den Tisch freizulegen. Erst haben sie den Deckel vorsichtig gelüftet und aufs Gras gelegt, dann haben sie die Seitenwände aufgestemmt, und wenn man sie so arbeiten sah, konnte man meinen, sie hätten Angst vor dem Tisch. Dann stand er endlich im Freien, und sie haben den Karton aufgeschnitten, in den er verpackt war. Du hättest ihn sehen sollen, wie er dastand, ganz aus Glas, und die Sonne schien darauf. Auf dem Gartenweg gibt es einen mit Rosen berankten Laubengang, und der Tisch hat die Rosen widergespiegelt und sie in ihrer ganzen Pracht gezeigt. Ein wahrer Spiegeltisch. Mrs. Ramsay wird alles um sich her darin erblicken können, aber du hättest sehen sollen, wie die Rosen darin zur Geltung kamen. Der Tisch glitzerte in der Sonne, und all die Rosen glitzerten mit ihm. Er verwandelte den Garten in ein Feenreich. Ich hatte das Gefühl zu träumen. Ich sah auf. Der Himmel war blau. Ein herrlicher Tag. Rose, du hättest dabeisein sollen. Ich stand im Salon, noch keine Vorhänge vor den Fenstern und kein Teppich auf dem Fußboden, alles ganz kahl, aber ich mag ja Holz unter den Füßen, das nackte Holz – die Holzböden in dem Haus sind wunderschön –, und ich blickte aus dem Fenster auf den Tisch, der da in der Sonne stand, und mußte an dich denken und wünschte dir so viel Gutes. Ich wünschte … Ich weiß nicht, was ich dir nicht alles wünschte. Dann haben sie den Tisch angehoben und ihn ins Haus getragen. In der Eingangshalle setzten sie ihn einen Augenblick ab, und er sah aus, als schiene noch immer die Sonne darauf. Dann trugen sie ihn die Treppe hinauf. Beide achteten auf die Füße des andern, und während sie die Treppe hinaufstiegen, sprachen sie kein Wort und bewegten sich nur ganz langsam, Schritt für Schritt. Der Tisch neigte sich ein wenig, und ich konnte mich selbst darin sehen, von den verschiedensten Seiten. In der Protestantischen Bücherei gibt es ein Prisma – ich werde irgendwann einmal mit dir hingehen, damit du es siehst. Ich will dir nicht verraten, was es ist – es nennt sich Prisma, Prisma –, dann weißt du nicht, was dich erwartet, und wirst überrascht sein. Und Mrs. Ramsay hat einen großen Diamanten, den sie am Ringfinger trägt. Es gibt eine Menge Dinge, die Licht einfangen. Auf der Treppe habe ich mich die ganze Zeit im Spiegel betrachten können. Es ist eine ungeheuer große, quadratische Halle, die sie da hat, mit ganz vielen Fenstern, als wär's ein Zimmer, aber ich stand ganz still, als sei der Tisch auf mich ebenso angewiesen wie auf die beiden Träger, und ich hatte das Gefühl, als befände ich mich auf dem Grund eines Brunnens und sähe mir zu, wie ich mich von mir selbst entferne.

Ich stand da und schaute hinauf. Etwas ganz Eigenartiges, sich selbst eine Treppe hinaufschauen zu sehen. Ich nehme an, so erscheinen wir Gott – immer schauen wir hinauf, wenn wir etwas wollen. Dann gelangten sie zum Treppenpodest, und der Tisch geriet mir aus den Augen. Ich glaube nicht, daß ich ihn noch einmal zu Gesicht bekommen werde.«

Die Vorhänge trösteten Rose, denn obgleich sie all die Jahre über nicht mehr an sie gedacht hatte, erkannte sie sie doch sofort. All die Jahre über hatten sie dagehangen und genauso ausgesehen, wie er sie sich vorgestellt und wie er sie beschrieben hatte. Auch an dem Tag, an dem sie nicht mit ihrem Vater mitgegangen war, hatten die Vorhänge so dagehangen und so ausgesehen – an all den Tagen, da sie mit ihm weder hierher noch sonstwohin gegangen war, Tage, Wochen und Monate, die ihm in die Ewigkeit gefolgt waren. Schon meinte sie, man habe sich bereits vor langer Zeit an sie erinnert, zu einem Zeitpunkt, als sie sich elend, vergessen und verlacht geglaubt hatte. Daß sie vergessen gewesen sei, hatte sie sich nur eingebildet. Sie war überhaupt nicht vergessen worden. Sie fand, in dem Zimmer hatte sie dasselbe Recht wie alle anderen, die umhertanzten und sich in kleinen, intimen Grüppchen miteinander unterhielten. Obwohl sie nicht bei Ramsay's arbeitete – die stellten inzwischen vielversprechende junge Mädchen an, ein oder zwei davon sogar aus Dublin –, war sie doch in die Pläne für dieses Zimmer eingeweiht gewesen, hatte sich darin ausgekannt wie alle anderen auch; noch ehe die Tapete an den Wänden klebte, hatte sie über dieses Zimmer Bescheid gewußt, über die Möbel, die darauf warteten, aufgestellt zu werden, und über die Teppiche, die eigens dafür angeschafft worden waren. Die beiden Marmortischchen dort neben dem Kamin – sie erinnerte sich an sie, obwohl sie sie noch nie zuvor gesehen hatte.

Und vor der gegenüberliegenden Wand, unter der französischen Landschaft, stand das große Sofa, genau, wie er es ihr vorhergesagt hatte. Alles war genau, wie er es ihr vorhergesagt hatte. Sie hatten sich über das wunderschöne Zimmer gefreut, das vor ihrem geistigen Auge erstanden war. Zu beiden Seiten der Tür, die ins Speisezimmer führte, hingen zwei kleine weiße Gipsporträts an der Wand, aber die Namen der abgebildeten Personen waren ihm entfallen. Er nannte sie Masken. Als Rose sie jetzt betrachtete, fand sie sie sehr langweilig, sehr religiös, eigentlich ungeeignet für dieses prächtige, reichgeschmückte Zimmer. Sie dachte an ihren Vater, wie er sie betrachtet und sich gefragt hatte, wen sie wohl darstellten. Er hätte fragen können, aber jeder schien Bescheid zu wissen, und er wollte nicht weniger sachkundig erscheinen als die anderen.

Es hatte ihn sehr gefreut, daß Mrs. Ramsay ihn zur Gestaltung des Hauses herangezogen und damit betraut hatte, den richtigen Vorhangstoff zu finden. Auch in anderen Angelegenheiten hatte sie seinen Rat gesucht: bei den Tapezier- und Malerarbeiten, ja sogar beim Aufhängen der Bilder. Wie er Rose erklärt hatte, gaben diese Sonderaufträge ihm Gelegenheit, sich zu bewähren, die erste echte Chance, die ihm je zuteil geworden sei – das hatte Großes zu bedeuten. Rose und er wußten beide, daß er zu Höherem berufen war, als den ganzen Tag Leinen-, Baumwoll- und Sergeballen auf dem Ladentisch auf- und wieder zusammenzurollen. Er sagte Rose, es geschähen noch Zeichen und Wunder, denn genau in dem Moment, als er das Gefühl hatte, niemand auf der Welt nähme ihn wichtig, habe Mrs. Ramsay ihn zu sich gerufen und mit ihm besprochen, wie sie ihr neues Haus einrichten wolle.

Ihrer Mutter ging es auf die Nerven, daß sie den Küchentisch jeden Abend über und über mit Samtproben bedeckten und sich gemeinsam über die Stoffetzen beugten, als zählten sie Gold und Diamanten. Ihre Mutter meinte, allmählich sei es des Guten zuviel, es bekomme Rose nicht, so dazuhocken und von Gegenständen zu träumen, die sie niemals besitzen werde. Wenn Roses Mutter dabeistand und sie zur Rede stellte, wirkten Rose und ihr Vater wie zwei Geizkragen, die über ihren Schätzen kauerten. Um diese Tageszeit, nach dem Abendessen, hatten Rose und ihr Vater die Küche meist für sich. Das ehemalige vordere Wohnzimmer war jetzt ein kleiner Laden, und nach dem Abendessen ging Roses Mutter immer hinein, setzte sich und plauderte mit jedem, der vorbeischaute; gelegentlich verkaufte sie auch etwas – Brot oder Zigaretten. Als die Wochen ins Land gingen, Mrs. Ramsay sich immer noch nicht für eine Farbe entschieden hatte und Roses Vater immer noch von den Vorhängen redete und davon, was Mrs. Ramsay zu ihm gesagt hatte, ärgerte sie sich mehr und mehr über die Stoffproben.

»Mrs. Ramsay macht dich noch ganz närrisch, dir für nichts und wieder nichts die Würmer aus der Nase zu ziehen«, meinte Roses Mutter. »Und du machst mir das Kind noch ganz närrisch – ihr Flöhe ins Ohr zu setzen, als kenne sie sich aus. Was weiß das Kind schon, und was würde es ihr nützen, irgend etwas zu wissen? Was für eine Chance hat sie denn, und warum kannst du sie nicht in Frieden lassen, damit sie ihre Lektionen lernt? Sie hat den Ranzen voller Hausaufgaben, oder etwa nicht? Danken wird sie's dir nicht, wenn sie älter ist. Du setzt ihr bloß Flausen in den Kopf, mehr nicht.«

Wenn sie so redete, nahm Roses Vater immer die Hände vom Tisch, legte sie in den Schoß, starrte auf sie hinab und sagte nichts. Wenn sie sie sitzen ließ und wieder ins Geschäft zurückging, seufzte er immer, sah Rose dabei aber nicht an. Dann sagte er, ohne den Kopf zu heben: »Es ist sinnlos, sie zu provozieren. Laß sie nur reden. Sie meint es nicht böse.«

Rose betrachtete die Masken, und obwohl sie weit entfernt waren, gab sie vor, so an ihnen interessiert zu sein, daß sie keinen Blick für die Gesichter der Tänzer hatte, die an ihr vorüberwirbelten. Sie war vor aller Augen versetzt worden. Die Schuld daran schob sie Jim Nolan zu, ihrem Partner beim letzten Tanz. Er hatte ihr zu verstehen gegeben, er werde zurückkommen; also hatte sie auf ihn gewartet, aber er war nicht zurückgekommen. Zuerst hatte sie sich eingeredet, er sei aufgehalten worden, mittlerweile aber wußte sie, daß er nicht die leiseste Absicht gehabt hatte zurückzukommen. Hätte sie das gleich gewußt, hätte sie sich einen Weg aus dem Zimmer bahnen können und müßte jetzt nicht hier stehen und eine traurige Figur abgeben. Es war ungerecht. Vielleicht hatte er sich ja über eine Bemerkung von ihr geärgert, aber eigentlich hatte er gar nicht verärgert gewirkt, und er mußte doch wissen, daß sie es nicht böse meinte.

Sie hatte sich sehr gefreut, als Jim sie um den Tanz bat. Vor Jahren hatte er an demselben Ladentisch gearbeitet wie ihr Vater, war aber höchstens zehn Jahre älter als sie, hochgewachsen und stattlich. Die anderen Männer, die sie aufgefordert hatten, waren alle verheiratet und ziemlich alt, alt genug, um ihr Vater zu sein. Daß Jim überhaupt Notiz von ihr genommen hatte, überraschte sie, denn er war beliebt, und sie wußte, daß jedes der Mädchen im Raum ein Auge auf ihn geworfen hatte. Er hatte ein wunderschönes, freundliches Lächeln. Ihr ganzes Leben lang war sie ihm begegnet, bei Ramsay's oder in der Stadt, wenn er mit irgend jemandem, meistens einem Mann, durch die Straßen ging; er wußte die Frauen zu nehmen, aber die Mädchen lachten, wenn sein Name fiel, und meinten, er sei nicht leicht zu haben. Er war anders als die anderen Männer, sehr geheimnisvoll und ein bißchen fremdartig, wie ein Schauspieler.

Vor dem Tanz mit Jim hatte Rose geglaubt, sich auf der Party gut amüsiert zu haben. Einer nach dem anderen waren die alten Freunde ihres Vaters auf sie zugekommen, um sie aufzufordern. Einmal wetteiferten gleich zwei Männer um ihre Hand: Mr. Cleary, dick und fast kahlköpfig, und Mr. Fagan, der mager war und ewig lächelte. Sie forderten sie auf, zwischen ihnen zu wählen, aber sie brachte es nicht über sich, und alle drei standen lachend da, und sie fühlte sich ganz heimisch. Mrs. Cleary gesellte sich zu ihnen, nahm Roses Hand und fragte sie, wo sie so gut tanzen gelernt habe. Sie erzählte ihnen, ihr Vater habe sie immer herumgewirbelt und darauf geachtet, daß sie im Takt blieb, und Mr. Cleary sagte: »Ihr Vater war ein großartiger Tänzer. Ich sehe ihn noch vor mir.« Und Mr. Fagan sagte: »Beim Tanzen hat er sich rundum wohl gefühlt. Das hat man ihm angemerkt.« Dann drückte Mrs. Cleary Roses Hand und sagte, sie sei ein braves Mädchen, wie schade, daß ihre Mutter heute abend nicht gekommen sei und miterlebt habe, wie beliebt sie sei.

Doch dann stand zu ihrem Erstaunen Jim vor ihr, und als er sie um einen Tanz bat, wuchs ihr Erstaunen noch. Die Helligkeit jenes Moments, da sie ihm zum ersten Mal in die Augen sah und die Aufforderung annahm, umschwebte die beiden und sonderte sie von den übrigen Menschen im Zimmer ab, so daß sie mit einem Mal begriff: Nicht die Samtvorhänge oder die Masken ließen ihr das Zimmer vertraut erscheinen, sondern das Gepräge, das die Hand ihres Vaters ihm gegeben hatte. Wie immer ihr Vater es bewerkstelligt hatte, irgendwie war es ihm gelungen, das Zimmer auf diesen Moment, da sie und Jim miteinander tanzten, vorzubereiten. Ihr Vater hatte sie geliebt. Das Zimmer hätte niemals ihm gehören können. Und so, wie es jetzt aussah, hatte er es nur geträumt. Er hatte es nie zu Gesicht bekommen, aber gewußt, wie es aussehen würde.

Sie blickte zu Jim auf und sagte ihm, es sei ihre erste große Party. Er erwiderte nichts, lächelte aber auf sie herab, als wüßte er, was sie eigentlich hatte sagen wollen. Woher wußte Jim, was sie eigentlich hatte sagen wollen, wenn sie es doch selbst nicht wußte? Sie war erfüllt von Dankbarkeit und von der Gewißheit, daß es nicht darauf ankam, was sie als nächstes sagte, weil er es war, dem sie es sagte, und daß er sich nicht daran störte, was sie sagte, weil es Rose war, die es sagte. »Ich fürchte, ich bin keine gute Tänzerin«, sagte sie. In Wahrheit hatte sie das Gefühl, recht gut – eigentlich sogar hervorragend – zu tanzen, auch wenn sie befürchtete, den Tanz nicht anmutig beenden zu können. Aber Jim lächelte sie immer noch an, schien sie fester an sich zu drücken und sagte, sie sei leichter als eine Feder, leichter als eine Schwanenfeder, ja leichter als die Feder einer Drossel. Dann fing er an zu lachen und fragte sie, ob sie schon einmal mit einem Federbett getanzt habe, und ohne ihr Zeit für ein Nein zu lassen, lud er sie ein, über ihre Schulter zu blicken, und als sie sich umwandte, fiel ihr Blick geradewegs auf Mrs. Fleming, die die Hutabteilung leitete und deren übertrieben hoch aufgetürmte Frisur von ihrer geradezu beängstigenden Leibesfülle ablenken sollte, die keine festen Umrisse zu haben, sondern in alle Richtungen zu fließen schien; es war, als würde Mrs. Fleming allein vom bloßen Hinsehen korpulenter. Sie war jedoch schon den ganzen Abend übers Parkett gewirbelt. Nicht einen Tanz hatte sie ausgelassen, sondern war wie ein junges Mädchen mit all den jüngeren Männern umhergeflogen und hatte dazu huldvoll wie eine Kaiserin auf jedermann herabgelächelt.

Als Rose merkte, daß Jim sie einlud, mit ihm über Mrs. Fleming zu lachen, fühlte sie sich so belebt, als habe sie eine große Trophäe gewonnen, von deren Existenz sie gar nichts geahnt hatte. Sie fand, daß ihr neues Kleid den anderen Kleidern im Zimmer in nichts nachstand und sie eine geborene Tänzerin war, die es mit jeder aufnehmen konnte. Kein Zweifel, die Leute würden sagen, sie und Jim seien wie füreinander geschaffen. Bei all den anderen Mädchen hatte er nur so getan. Hatte nur Zeit geschunden. Er war nicht er selbst gewesen, und es war durchaus denkbar, daß er sein ganzes Leben lang bis zu diesem Augenblick nicht er selbst gewesen war. Sie würde einen guten Einfluß auf ihn haben. Er würde erkennen, daß sie eine treue Seele war, nicht so wie die anderen Mädchen, die nur darauf aus waren, sich einen Mann zu angeln.

Als sie ihn anlachte, war ihr klar, daß all die Geschichten, die sie über ihn gehört hatte, reine Lügenmärchen waren, zumindest aber auf Mißverständnissen seiner Neider beruhten. Er war kein Draufgänger, er war kein Weiberheld, kein Säufer oder überlauter Schwätzer, wie die Leute behaupteten – er war nichts dergleichen, er war etwas ganz anderes, und sie wollte ihm ihr Verständnis signalisieren und ihm beweisen, daß er ihr vertrauen könne, aber er ließ ja bereits erkennen, daß er ihr vertraute, außerdem tanzten sie viel zu schnell, um sich unterhalten zu können, und so gab sie sich damit zufrieden, ihm beherzt zu sagen, sie finde ihn komisch. Er sah sie scharf an und wirkte erfreut, so daß sie einen Moment lang glaubte, er würde mitten auf der Tanzfläche stehenbleiben. Dann drückte er fest ihre Hand – deswegen glaubte sie ja, sie hätten aufgehört zu tanzen – und sagte: »Das müssen Sie mir aber erklären, junge Dame. Diese Bemerkung müssen Sie mir schon erklären.«

Und dann schienen sie schneller zu tanzen denn je, und als der Tanz zu Ende war, wirbelte er sie im Halbkreis herum, so daß sie für einen Augenblick das Gleichgewicht verlor, und als sie sich aufrichtete, prustete sie vor Lachen, nahm aber alles so gelassen hin, als sei sie mit derartigen Situationen, ja mit der Welt vertraut, und einige der älteren Frauen in der Nähe drehten sich zu ihnen um und blickten erst sie, dann Jim an und sahen wieder weg. Die dachten bestimmt, sie spiele sich auf, aber das störte sie nicht. In der Erwartung, Jim würde ihren Arm nehmen und sie von der Tanzfläche geleiten, um sich hinzusetzen und sich mit ihr zu unterhalten, wandte sie sich lächelnd zu ihm um, doch statt dessen lächelte er sie nur zartfühlend an, dankte ihr und entfernte sich rasch. Er würde zurückkommen, das wußte sie und begann, auf ihn zu warten. Mr. Lord, mit dem sie den ersten Tanz getanzt hatte, kam herbei und bat sie abermals, seine Partnerin zu sein, aber sie sagte ihm, sie sei bereits vergeben, und er lächelte und sagte: »Ach, so verhält sich das«, und ging davon.

Dies wäre der Moment gewesen, sich einen Weg aus dem Zimmer zu bahnen, zu einem Plätzchen, wo sie nicht so auffiel. Aber wie konnte sie weggehen, wenn es immerhin die Chance gab, daß Jim zurückkommen würde? Und jetzt hatte sie schon ziemlich lange hier gestanden, fast ohne wahrzunehmen, wie die Zeit verstrich, und würde auch weiter hier stehenbleiben müssen, bis der Tanz zu Ende wäre. Wenn sie in die eine Richtung ginge, zum Speisezimmer, und sich einen Weg durch die dichtgedrängten Menschen bahnte, die, alle untereinander bekannt, plaudernd am anderen Ende des Zimmers umherstanden oder -saßen, stieße sie womöglich auf Hubert Derdon, der sich einbilden würde, sie habe nach ihm gesucht. In der entgegengesetzten Richtung wiederum, zur

Eingangshalle und zur Treppe hin, die zur Damengarderobe führte, würde sie ihn womöglich in der Menge am anderen Ende des Zimmers oder in der Halle selbst finden, und sie wollte ihn nicht finden.

Auf keinen Fall wollte sie, daß Hubert Derdon sich einbildete, sie, Rose, könnte versuchen, ihn zu finden, ihn um etwas bitten oder etwas von ihm erwarten. Gestern abend erst hatte er sie gefragt, ob er sie von der Party nach Hause begleiten dürfe. Darüber hatte sie sich sehr gefreut. Das war erst gestern abend gewesen. Den ganzen Tag über hatte sie an ihn gedacht, an die Art, wie er sie angesehen hatte, als er sich an ihrer Haustür noch einmal umwandte und von der Party sprach. Und nun war sie hier, und bis auf die eine Minute, als sie ihn, gleich nach ihrer Ankunft mit den anderen Mädchen, in der Eingangshalle gesehen hatte, hatte er nicht mit ihr geredet. Es war eine Schande. Sie hatte sich ausgemalt, daß sie mit ihm umherschlendern und alle Welt sie zusammen sehen würde. Sie hätte ihm von den Samtvorhängen und all den anderen Dingen erzählen können. Es gab eine Menge Dinge, von denen sie ihm erzählen konnte und die er sich bestimmt gern angehört hätte. Sie und Hubert waren noch nie allein gewesen. Immer, wenn er zu Besuch kam, war ihre Mutter in die Küche gekommen und hatte sich zu ihnen gesetzt. Sie hatte die Unterhaltung fast allein bestritten, Hubert nur gelegentlich eine spitze Bemerkung von sich gegeben. Das war das einzige, was Rose an ihm auszusetzen hatte – er hatte eine zu spitze Zunge. Er war zu selbstsicher. Aber er war sehr nett, zumindest hatte er bis heute abend einen netten Eindruck auf sie gemacht.

Vielleicht hatte sich Hubert eins von diesen schicken Mädchen von Ramsey's gegriffen; bestimmt hatte Father Kane ihn schon allseits vorgestellt. Es war Huberts erster Besuch in Wexford. Mit einem Neffen von Father Kane war er aus Dublin gekommen, um Ferien zu machen, und Father Kane hatte die beiden, Hubert und den Neffen, in seinem Wagen umherkutschiert und ihnen sämtliche Sehenswürdigkeiten gezeigt. Aber Hubert war ein stiller Mann, der gern allein spazierenging und sich gern allein umschaute, und als er eines Nachmittags wieder einmal so spazierenging, war er in den Laden gekommen. Rose hatte hinter der Ladentheke gestanden, und so hatten sie einander kennengelernt, und in der letzten Woche hatte er jeden Abend auf ein, zwei Stunden hereingeschaut. Er war noch immer ein Fremder, und jetzt zeichnete sich ab, daß er stets ein Fremder bleiben würde. Es hatte keinen Sinn, bei irgend jemanden auf irgend etwas zu hoffen. Ob Father Kane wohl schlecht von ihr gesprochen hatte? Vielleicht hatte er gesagt, sie sei für Hubert nicht gut genug, oder dergleichen. Father Kane mochte sie gut leiden und hatte dafür gesorgt, daß sie zu dieser Party eingeladen wurde, aber vielleicht waren ihm Zweifel gekommen. Schwer zu sagen. Womöglich hatte Hubert es sich anders überlegt und wollte sie nicht mehr nach Hause bringen. Vielleicht widerstrebte es ihm, mit ihr in der Öffentlichkeit gesehen zu werden. Und es bestand immer noch die Chance, daß sich Jim Nolan erbot, sie nach Hause zu bringen. Falls ja, wollte sie frei sein, mit ihm zu gehen. Hubert war ein Fremder und würde bald wieder abreisen, und nie würde sie sich bei ihm so heimisch fühlen wie bei jemandem wie Jim Nolan. Sie wünschte, sie würde wieder mit ihm über die Tanzfläche wirbeln und gesagt bekommen, sie sei leicht wie eine Feder und werde sich ihm erklären müssen, da sie so interessant sei. Sie hätte ihm anbieten sollen, ihn zu begleiten, als er davonging. Jedes der anderen Mädchen hätte sich so verhalten.

Sie überlegte, wo die Musik herkam. Sie wußte von einem Klavier, erinnerte sich aber deutlich daran, eine Violine gehört zu haben, als sie mit Jim Nolan getanzt hatte. Sie hätte einige der anderen Männer, mit denen sie getanzt hatte, gern gefragt, wo die Musik herkam, hatte sich aber nicht anmerken lassen wollen, wie wenig sie sich in einem solchen Haus auskannte. In einem solchen Haus gab es bestimmt ein eigenes Zimmer für Musik, auch wenn sie nicht wußte, wie man ein solches Zimmer nannte oder wo im Haus es sich befand. Auch einen Keller mit Wein sollte es geben, aber vielleicht war das nur ein Gerücht.

Die Leute redeten dauernd über die Familie Ramsay, und alle waren überrascht gewesen, als Mrs. Ramsay die gewöhnlichen Angestellten zu einer Party einlud. Es war sehr nett von Mrs. Ramsay, aber eigentlich sah es ihr nicht ähnlich, mit ihren Angestellten auf vertrautem Fuß zu stehen. Mrs. Ramsay war sehr würdevoll. Als Rose eintraf, hatte sie im Salon gestanden und Hof gehalten, und Rose hatte schon überlegt, ob sie auf sie zugehen und sie begrüßen sollte, dann aber beschlossen, nicht die Aufmerksamkeit auf sich zu lenken. Danach hatte die Musik eingesetzt, und es wurde getanzt. Father Kane hatte an Mrs. Ramsays Seite gestanden und Rose zugewinkt, ihr aber kein Zeichen gegeben, näherzukommen und sich vorstellen zu lassen. Selbst dann noch hatte Rose gehofft, Mrs. Ramsay würde sie bemerken, aber Mrs. Ramsay hatte sie nicht bemerkt. Mrs. Ramsays jüngste Tochter war gerade von einem Jahresaufenthalt an einer Schule in Paris zurückgekehrt. Es hieß, die Ramsay-Töchter seien verwöhnt, aber die jüngste sei die schlimmste und setze in allem ihren Kopf durch. Ihr Name war Iris. Iris Ramsay. Heute abend war sie nirgends zu sehen, aber es war ja auch unwahrscheinlich, daß sie sich mit einer solchen Party abgeben würde, wo sie doch schon so viel von der Welt gesehen hatte und Bescheid wußte.

Inzwischen war Rose überzeugt, daß die Musik aus dem Speisesaal kam, und als sie in die Richtung blickte, sah sie, wie sich Jim Nolan in Begleitung zweier Frauen, die Rose nur vom Sehen kannte – beide arbeiteten bei Ramsay's –, zu den Tänzern gesellte. Sie waren um einiges älter als Rose, und ihre Kleider hatte sie schon vorher bewundert – beide wirkten sehr elegant. Obwohl Jim doch wissen mußte, daß Rose noch immer dastand und auf ihn wartete, hatte er nicht einmal zu ihr herübergeblickt. Während sie dastand, hatte er sich also die ganze Zeit über im Speisesaal aufgehalten und sich mit seinen wahren Freundinnen unterhalten. Rose begann zu zittern.

Plötzlich kamen ihr die Menschen auf der Tanzfläche laut, ganz mit sich selbst beschäftigt und eigennützig vor, ihr Geplauder und Gelächter klang übellaunig und zugleich intim, als freuten sie sich über einen vertraulichen Scherz auf Kosten eines Dritten, der ihnen auf Gedeih und Verderb ausgeliefert war. Offenbar hatte jemand die Lichter eingeschaltet; das Zimmer war zu hell, in der blendenden Helligkeit spürte Rose, wie ihr Gesicht brannte, und in dem selbstgeschneiderten Kleid fühlte sich ihr Körper beengt und erschöpft an. Sie hatte geglaubt, das Kleid sei ihr gut, ja sehr gut gelungen. Sie hatte davon geträumt, Mrs. Ramsay würde ihre Erscheinung bemerken und ihr ein Kompliment machen, dann hätte sie Mrs. Ramsay erzählen können, daß sie das Kleid eigenhändig, und zwar nach einem bei Ramsay's erstandenen Schnitt, geschneidert, den Samt jedoch selbst ausgewählt hatte – die Herstellerin des Schnittmusters hatte Taft empfohlen. Sie war sogar soweit gegangen, sich einzubilden, das Kleid sei besser geraten, als ihr selbst bewußt sei, und Mrs. Ramsay mit ihrem ausgeprägten Stilempfinden würde bemerken, wie schön es geschnitten war, und in Rose das wiedererkennen, was sie Jahre zuvor in Roses Vater erkannt hatte – den überschäumenden Ideenreichtum, den sie ihm zugesprochen hatte, und einen ungewöhnlichen Sinn für Farben.

Es war zu heiß in dem Raum. Sie tastete in dem kurzen Ärmel ihres Kleides nach ihrem Spitzentaschentuch, um sich die Stirn abzutupfen, aber das Taschentuch war nicht mehr da. Sie erinnerte sich, es draußen in der Eingangshalle aus der Tasche ihres Regenmantels herausgenommen und, zu einem Dreieck gefaltet, sorgsam in den Ärmel gesteckt zu haben, aber jetzt war es verschwunden. Dabei konnte es gar nicht verschwunden sein. Es war echtes irisches Leinen, mit echter Spitze besetzt, ein Weihnachtsgeschenk ihrer Mutter von vor vier Jahren, und von dem Tag an, da sie es geschenkt bekommen hatte, bis zum heutigen Abend hatte es, in Seidenpapier eingeschlagen, in seiner ursprünglichen, raffiniert über Eck gefalteten Form dagelegen. Nicht einmal ausgeschüttelt hatte sie es. Sie hatte es kaum berührt. Bis zum heutigen Abend hatte es, wie ein Schatz, in seiner Schachtel in der untersten Schublade der Kommode gelegen, wo sie ihre Kleider aufbewahrte. Eigentlich konnte es gar nicht verschwunden sein, aber es war verschwunden. Als sie so fröhlich getanzt und sich aufgespielt hatte, mußte es ihr aus dem Ärmel gerutscht sein. Wenn sie nicht so mit sich selbst beschäftigt gewesen wäre, hätte sie vielleicht bemerkt, wie es herausgeglitten war. Jetzt lag es irgendwo unter den Füßen der Tänzer auf der Tanzfläche. Inzwischen war es bestimmt nur noch ein Lumpen. Aber selbst wenn es nur ein Lumpen war, wäre sie doch froh gewesen, es zurückzubekommen. Ihre Mutter hatte lange gezögert, bevor sie es kaufte, und dann darum gebeten, es in weißes Seidenpapier einzuschlagen, es handele sich um ein Geschenk. Sie hatte es nach Hause getragen, war lächelnd zur Tür hereingekommen und hatte zu Rose gesagt: »Ich hab dir was Hübsches mitgebracht.« Es war das schönste Taschentuch, das man für Geld kaufen konnte. Ihre Mutter war aus dem Haus gegangen, um sich ein wollenes Unterhemd zu kaufen, dann hatte sie das Taschentuch gesehen, und statt des Unterhemds hatte sie Rose das Taschentuch gekauft. Die Spitze, und davon gab es reichlich, war echt. Nachdem Rose die Schachtel geöffnet und das Taschentuch herausgenommen hatte, betrachteten sie und ihre Mutter es eingehend und fuhren mit den Fingern über die aufgestickten Muscheln, Rosen, Gänseblümchen, Klee- und Efeublätter, die wie die Verzierungen auf einer Hochzeitstorte aussahen; an ein Leichentuch jedenfalls erinnerte es sie nicht, so zierlich und weiß waren die Blumen – kein kaltes oder eisiges Weiß, sondern ein strahlendes Weiß wie die Blütenblätter einer Rose.

Was weg ist, ist weg, das wußte Rose. Sie versuchte, das Taschentuch zu vergessen, mußte aber dauernd daran denken, daß die Tänzer es wie einen Lumpen quer durch das Zimmer getreten hatten, es jetzt noch taten. Es hatte keinen Sinn, daran zu denken, und es hatte keinen Sinn, darüber nachzugrübeln, wen die Gipsabdrücke darstellten, die ihr Vater Masken genannt hatte. Wenn er noch am Leben wäre, würde sie sich nach den Namen erkundigen und sie ihm, wenn sie heute nacht nach Hause käme, nennen. Es würde ihr nichts ausmachen, danach zu fragen. Er hatte sie immer sehr mutig gefunden. Aber wenn er noch am Leben wäre, dann wäre er jetzt heute abend mit all den anderen hier, auch ihre Mutter wäre hier, und sie alle stünden im Mittelpunkt, denn nach dem Anbringen der Vorhänge wäre ihr Vater bei Ramsay's schnell und steil aufgestiegen.

Rose hatte sich Mühe gegeben, die Tänzerinnen, die an ihr vorüberwirbelten, nicht anzustarren, aber jetzt blickte sie doch hin und sah ganz in ihrer Nähe eine hochgewachsene, dunkelhaarige Frau mit perlweißer Stirn. Das war Dr. Malloys Gattin, seine junge Braut, die mit ihrem Mann tanzte. Sie hatten den größten Teil des Abends miteinander getanzt, und einmal hatte Rose gesehen, wie sie sich lachend mit Mrs. Ramsay unterhielten. Sie waren noch nicht lange verheiratet. Sie hatten sich in Dublin kennengelernt und waren dort auch getraut worden, und eigentlich war Mrs. Malloy immer noch eine Fremde. Rose hatte ihre Mutter sagen hören, die beiden seien doch noch Kinder. Und die Frau von nebenan hatte gemeint, sie seien Kinder, die nicht wüßten, wie gut sie es hätten, und manche Menschen würden eben ihr Leben lang verhätschelt. Die Frau von nebenan hatte hinzugefügt, es sei reiner Zufall, daß sie verheiratet seien, eigentlich sei Dr. Malloy an einem ganz anderen Mädchen interessiert gewesen und habe dieses nur geheiratet, um über seine Enttäuschung hinwegzukommen. Roses Mutter hatte gesagt: »Ach, das weiß doch jeder, daß sie nicht seine erste Wahl war, und sie selbst weiß es auch, das arme Ding.« Die Malloys tanzten schwungvoll im Takt der Musik, deren Tempo sich beschleunigt hatte, aber sie lächelten nicht und sprachen auch nicht miteinander. Sie sahen einander an, und ihre Gesichter spiegelten eine gemeinsame Erinnerung, die noch zu frisch war, um vertraut, und zu strahlend, um faßbar zu sein. Rose dachte: Die können die Augen nicht voneinander lassen.

Ach, warum konnte nicht alles ganz anders sein? Sie wandte den Blick von den Malloys und versuchte, den Abstand, den weiten Abstand zwischen ihr und der Tür zu ermessen, die ihr die Flucht ermöglichen würde. Warum konnte nicht alles ganz anders sein? Doch selbst wenn alles ganz anders wäre, es würde ihr doch nicht weniger seltsam vorkommen. Ihre Mutter hatte gesagt: »Rose kennt einfach nicht den Unterschied.« Ein andermal hatte ihre Mutter gesagt: »Rose, du kennst einfach nicht den Unterschied und wirst ihn auch nie begreifen.« Aber warum konnte nicht alles ganz anders sein? Warum konnte Hubert Derdon sie nicht wenigstens einmal auffordern? Im Lauf des Abends hatte sie gesehen, wie er von Zeit zu Zeit zu ihr herüberschielte, und als sie umhertanzte, glaubte sie, gesehen zu haben, wie er ihr hin und wieder zunickte, aber kein einziges Mal hatte er Anstalten gemacht, in ihre Nähe zu gelangen, und jetzt ließ er sich nirgends blicken. Warum hatte Jim Nolan sie um einen Tanz gebeten, wenn er sie nur zum Narren halten wollte? Warum hatte Mrs. Ramsay sie nicht gegrüßt, und warum hatte sich Father Kane nicht einmal die Mühe gemacht, mit ihr zu reden? Warum waren die Zimmerdecken in diesem Haus so hoch, und warum waren die Mädchen alle so selbstsicher, und warum hatte niemand dafür gesorgt, daß sie, Rose, etwas zu essen oder zu trinken bekam, wenigstens ein Glas Limonade? Sie konnte doch nicht allein ins Speisezimmer gehen und an den Tisch oder an die Tische treten oder was immer dort stand und um ein Getränk bitten, als sei sie eine Bettlerin.

Ihr blieb nichts anderes übrig, als so schnell wie möglich das Zimmer zu verlassen, ganz gleich, wer sie sah oder was sie über sie redeten. Falls Hubert in der Eingangshalle stand und sie sah, ließ sich das auch nicht ändern. Sie scherte sich nicht darum, was er oder sonst jemand von ihr dachte. Sie sehnte sich nach Hause, wo niemand sie sähe. Sie würde sich einen Weg aus dem Zimmer bahnen, nach oben gehen und ihren Regenmantel von dem großen Kleiderständer nehmen, der dort im Flur stand. Dann würde sie sich aus dem Haus stehlen und allein nach Hause gehen. Es war ein weiter Weg, und sie fürchtete sich vor der Dunkelheit, aber sie mußte nach Hause. Ihre Mutter würde wissen wollen, was für ein Fest Mrs. Ramsay gegeben hatte, und sie würde ihr nicht antworten können. Und wo kam bloß diese Musik her? Sie wußte aber auch gar nichts. Nie wußte sie etwas.

Sie eilte zum anderen Ende des Zimmers und war so darauf bedacht, den Tänzern nicht in die Quere zu kommen, daß sie zweimal mit der Schulter die Wand streifte. Die Wand würde Flecken auf ihrem Kleid hinterlassen, aber das machte jetzt auch nichts mehr. Am Ende war es ganz leicht, sich einen Weg durch die Menge zu bahnen, die sich am anderen Ende des Zimmers zusammendrängte. Niemand beachtete sie, und offenbar fand niemand ihre Erscheinung auf irgendeine Weise bemerkenswert, so allein war sie und so in Eile. Sie hätte keine Angst zu haben brauchen; niemand schien zu glauben, daß sie sich aufzudrängen versuchte.

Die große, quadratische Eingangshalle lag verlassen da, allerdings hatte jemand die Haustür geöffnet, um frische Luft einzulassen, und als Rose die Treppe hinaufrannte, begann sie zu zittern. Geschähe ihnen ganz recht, wenn sie sich eine schlimme Erkältung holte. Ein Segen – der Flur oben war ebenfalls verlassen, die Badezimmertür neben dem Kleiderständer stand offen und gab den Blick auf ein quadratisches Fenster aus rotem und grünem Glas an der gegenüberliegenden Wand frei. Draußen mußte es bereits dunkel sein. Sie wandte sich zu dem großen, mit Damenmänteln und Schultertüchern behängten Kleiderständer um und begann, nach ihrem Regenmantel zu wühlen. Ein Laut aus dem langen düsteren Flur hinter ihr ließ sie aufhorchen, und als sie sich umdrehte, sah sie ein Mädchen in hellblauer Tracht aus einem der Zimmer treten. Es war Mary Lacey, die mit ihr zusammen zur Schule gegangen war.

»Ah, Mary«, sagte Rose. »Ich hab dich noch nie in deiner Tracht gesehen.«

»Und du ganz in Seide und Satin«, erwiderte Mary mißmutig. Sie sah unglücklich aus.

»Ach, Mary, das hab ich selbst genäht, Stich für Stich«, sagte Rose, »und es ist aus dem billigsten Samt – nicht so aufwendig wie die Vorhänge an den Fenstern unten. Ich wette, deine Tracht hat viel mehr gekostet, Mary, und besser geschnitten ist sie auch.«

»Ach, immer noch die alte Rose«, sagte Mary. »Du hast dich aber auch kein bißchen verändert. Ich erinnere mich noch an den Tag nach der Beerdigung deines armen Vaters. Du kamst zur Schule, wir saßen an unseren Pulten und warteten auf die Nonne, da hast du zu mir gesagt: ›Ach, Mary‹, hast du gesagt, ›die Beerdigung war wunderschön, wenn nur der Sarg nicht gewesen wäre.‹«

Sie öffnete die Faust, und beide blickten auf den Schlüssel, der in ihrer Hand lag.

»Bevor die Gäste gekommen sind, mußte ich sämtliche Zimmer abschließen«, erklärte sie. »Sie hat ja so 'ne Angst, jemand könnte versuchen, ihr was zu stehlen. Und dann hat sie mir aufgetragen, von Zeit zu Zeit nach dem Rechten zu sehen. Mich soll's nicht stören. Bin froh, mal von der Küche wegzukommen. Die Tür zwischen Küche und Speisekammer haben sie offengelassen, und jedesmal, wenn die Tür zum Speisezimmer aufging, hab ich reingelinst. Ich konnt mich nicht beherrschen.«

»Den Sarg hatte ich ganz vergessen«, meinte Rose. »Meine Mutter hat gesagt: ›Es ist an der Zeit, den Sarg zu schließen.‹«

»Bei allem, was die im Haus haben«, sagte Mary, »all die Besitztümer, das ganze Geld und so, da sollte man meinen, sie hätten für jedes Zimmer einen eigenen Schlüssel, aber nein, es ist derselbe Schlüssel für alle Zimmer. Früher war die Küche im Souterrain, aber sie haben sie nach oben verlegt. Die können alles machen, was sie wollen.«

»Ist die Arbeit schwer, Mary?« fragte Rose.

»Ach, eigentlich eher langweilig«, antwortete Mary. »Nicht schwer. Aber horch, das ist jemand auf der Treppe. Schnell, hier rein.«

Sie stieß die Tür zu dem Zimmer auf, aus dem sie soeben gekommen war, trat, gefolgt von Rose, ein und schloß leise die Tür hinter sich. Das Zimmer war dunkel bis auf das schwache rote Licht, das eine unter einem großen Herz-Jesu-Bild brennende Altarleuchte verströmte. Das Bild hing zwischen zwei Fenstern, und die Leuchte stand auf einer Vitrine an der Wand. Rose sah den Glanz der Glasscheiben und durch das Glas weiße Umrisse, kleine Ornamente vielleicht, kostbare Porzellanfiguren, die zu wertvoll waren, als daß man sie irgendwo hinstellen konnte, wo sie womöglich angefaßt wurden. Die Vorhänge vor den Fenstern waren zugezogen; dort, wo sonst das Tageslicht eindrang, konnte sie nur hohe düstere Schatten erkennen. Und wo das Dunkel undurchdringlich wurde, vermutete sie das Bett, ahnte seine Umrisse und seine tiefe Schwärze. Aber Mary zog sie am Arm.

»Schau, Rose, schau nur. Hast du so was schon mal gesehen? Es ist ihr Frisiertisch. Ich werd nie vergessen, wie ich ihn zum ersten Mal gesehen hab. Ganz aus Glas. Selbst die kleinen Knäufe an den Schubladen sind aus Glas. Nur die Beine sind aus Holz. Ist er nicht wunderschön?«

»Wunderschön«, bestätigte Rose, und als sie, nur wenige Schritte, an ihn herantrat, sah sie in dem großen ovalen Spiegel, der die Mitte einnahm, erst ihren eigenen Schatten, dann ihr Gesicht und schließlich Mary, die hinter ihr stand. Die beiden Mädchen standen da und betrachteten sich.

»Wir sehen richtig geheimnisvoll aus«, sagte Mary. »Findest du nicht, daß wir geheimnisvoll aussehen – als wären wir überhaupt nicht hier. Ich wünschte, ich könnte immer so aussehen. Ich bin dicker als du.«

»Das macht die Tracht«, sagte Rose. »Sie ist dir zu groß.«

Mary kicherte. »Ich wußte, daß du das sagen würdest«, erwiderte sie. »Kaum daß du's gesagt hast, ja noch bevor du's gesagt hast, wußt ich, das du das sagen würdest. Ich wünschte, ich könnte immer so geheimnisvoll aussehen. Ich seh mir überhaupt nicht ähnlich. Ich könnt die Hauptstraße auf und nieder schweben und würd mich nicht drum scheren, was die Leute über mich sagen. Ich würd nach Dublin gehen, und dann nach London, und niemand davon erzählen. Und falls mich jemand anspricht, würd ich antworten: ›Ich bin Miss Iris Ramsay, und mir gefällt sonst gaaar nichts.‹ ... Die kotzt mich vielleicht an, wie sie im Haus rumläuft und so tut, als könnt sie Französisch sprechen. Der kann's niemand recht machen. Ihre Mutter will das ganze Haus für sie renovieren. Deswegen gibt sie ja auch die Party, um das Haus noch mal richtig auszukosten, bevor sie's renovieren läßt. Ausräumen müßten sie sowieso alles – die Teppiche, die Möbel und alles. Sie kriegen überall neue Vorhänge und Tapeten, einen neuen Anstrich und einen neuen Teppichboden für Miss Iris' Zimmer.«

»Sie wollen sämtliche Vorhänge herunternehmen?« fragte Rose.

»Sämtliche Vorhänge, unten und hier oben. Sie behauptet, das Haus wär zu überladen und zu altmodisch. Sie will ganz helle Farben. Und sie will den Frisiertisch für sich. Sie meint, der paßt nicht zu 'ner älteren Dame. Sie meint, der paßt zu ihrem Zimmer. Soll sie ihn doch haben. Sie will ihn haben, und sie wird ihn haben. Wann könnt ich je die Hand ausstrecken, wenn ich was seh, das ich haben will, und sagen, das gehört mir? Aber was juckt's mich? Da muß ich ja lachen. Was juckt's mich, wo das Ding steht? Nicht die Bohne. Was kümmert's mich, in welchem Zimmer es steht? Egal, in welchem Zimmer es steht, mir gehört's ja doch nicht. In diesem Zimmer, in jenem Zimmer, in ihrem oder irgendeinem andern Zimmer, sehen werd ich's ja doch und haben wollen auch. Mal was anderes, Rose. Was ich wissen möcht – ist Jim Nolan da unten?«

»Ja. Ich habe ihn gesehen. Der ist unten«, antwortete Rose.

»Dacht ich mir's doch, daß ich ihn gehört hab«, sagte Mary. »Zuerst hab ich gedacht, ich hör ihn reden, dann hab ich gedacht, ich hör ihn lachen, und dann – dann war ich in der Küche; er muß ins Speisezimmer gegangen sein – und kurz bevor ich raufkam, hab ich ihn wieder gehört.«

»Ich habe ihn gesehen«, sagte Rose. »Hier und da. Er hat sich mit zwei Frauen aus Ramsay's unterhalten – die eine heißt Miss Martin, glaube ich.«

»Ich wußte, er ist hier«, sagte Mary. »Ach, was soll's. Ich wußte, er ist hier. Der treibt sich immer mit derselben Clique herum, und als ich einen von den Kerlen gesehen hab, Tommy Rice, wußt ich, daß er hier ist.«

»Er nimmt sich ungeheuer wichtig«, sagte Rose gereizt.

»Da hast du recht«, sagte Mary. »Er nimmt sich ungeheuer wichtig. O ja, und ob er sich wichtig nimmt. Gar kein Zweifel. Er nimmt sich ungeheuer wichtig. Er nimmt sich immer wichtiger. Aber das wußte ich.«

(Dies waren die Worte, die sie sprach, aber ihre Stimme ging hilflos ihrer eigenen Wege. Er ist perfekt, sagte ihre Stimme. Er ist perfekt. Er ist perfekt. Ja, das ist er. Perfekt.)

»Ich bin mal mit ihm gegangen«, erzählte sie. »Na ja, ich denke, ich kann sagen, daß ich mal mit ihm gegangen bin. Nur für zwei

Wochen, ein bißchen länger als zwei Wochen, letzten Sommer. Er fand mich einsame Klasse. Ich hab ihm geglaubt. Es muß eine sehr, sehr einsame Klasse gewesen sein, aber damals wußt ich's nicht besser. Ach, soll mir doch egal sein. Es ist aus und vorbei. Wenn einer dich nicht will, will er dich halt nicht. Ach, ich wünschte, ich könnt weg von hier. Und wenn's nur 'n paar Kilometer sind, aber ich wünschte, ich könnt nach Dublin gehen.«

»Ach, Mary, ich wünschte, ich könnte dir was Nettes sagen«, sagte Rose. »Ich könnte ihn umbringen. Er ist nicht gut genug für dich. Es ist furchtbar. Alles ist völlig verfahren. Du bist zehn von seiner Sorte wert.«

Mary sah sie an, als wollte sie etwas sagen, aber dann sah sie sie an, als hätte sie beschlossen, nicht das zu sagen, was sie eigentlich sagen wollte, sondern etwas anderes. »Ach, es ist unwichtig«, sagte sie. Sie setzte sich in den Sessel in der Nähe des Frisiertischs, legte den Kopf zurück und seufzte.

Rose ging einen Schritt auf sie zu und hätte sie gern berührt, aber sie hatte Angst, ihren Schmerz nur zu vergrößern. Sie suchte ein Wort, mit dem sie Mary trösten könnte, aber entweder fielen ihr überhaupt keine Worte ein, oder die Worte, die ihr einfielen, waren die falschen Worte. Es war zwecklos. »Wenn einer dich nicht will, will er dich halt nicht«, hatte Mary gesagt, und Rose wußte, es war die Wahrheit, aber woher sie das wußte, wußte sie nicht.

Sie mußte an Hubert Derdon denken, daran, wie er sie gestern abend angesehen hatte, als er sie darum bat, sie nach Hause bringen zu dürfen, und daran, wie er sie heute abend angesehen hatte, als er sie nicht um den nächsten Tanz bat. Sie hatte das Gefühl, in einer Zwickmühle zu sitzen. Die letzten paar Tage, als Hubert allabendlich in ihr Haus gekommen war, hatte sie sich gefreut, ihn zu sehen, war glücklich und aufgeregt gewesen, solange er da war, doch jedesmal, wenn er sich zum Gehen anschickte, hatte sie ihm sagen wollen, er brauche nicht mehr wiederzukommen, sie sei auf seine Besuche nicht angewiesen. Jedesmal, wenn er in die Nacht hinaustrat, ohne jede Andeutung, ob er wiederkommen werde, hatte sie Lust, ihm zu sagen, es sei ihr gleichgültig, ob er wiederkäme oder nicht, aber immer ging er ohne ein Wort. Er lächelte sie an, gab ihr jedoch nie eine Gelegenheit, ihm zu sagen, daß es ihr völlig einerlei sei, sollte er sich in ihrem Haus nie wieder blikken lassen, ihr sei es lieber, wenn er gar nicht mehr käme, als immer wieder zu kommen und zu gehen und sie mit etwas zurückzulassen, das schlimmer war als Leere.

Lieber hatte sie gar keine Hoffnung, weil es ja ohnehin keine Chance für sie gab, als mit dieser geringen Hoffnung zu kämpfen, die sie hatte und derer sie sich schämte, weil sie so gering und zaghaft war. Ihrem Eindruck nach wußte Hubert von dieser Hoffnung – daß sie gering und zaghaft war –, er amüsierte sich darüber, spielte mit ihr und hoffte, Rose würde sich verraten, und dann würde er sie aus keinem ersichtlichen Grund auslachen. Und auch ihre Mutter würde lachen. Der Grund für das Gelächter ihrer Mutter war ihr jedoch nicht unbekannt, sondern vollkommen vertraut. Ihre Mutter würde aus Verzweiflung lachen, da Rose wieder einmal dem Ansehen der Familie geschadet hatte. Ihre Mutter würde lachen, da sie wußte, daß früher oder später wieder jemand dem Ansehen der Familie schaden würde, denn so war das nun einmal bei ihnen. Nicht gut genug zu sein war schlimm genug, aber Gelächter heraufzubeschwören war ein Verbrechen gegen die Familie. Und alle da draußen waren bereit zu lachen. Ihre Mutter hatte ihr wieder und wieder gesagt, daß alle nur darauf warteten, jemanden bei einem Fehltritt zu ertappen.

Rose wollte sich nicht von Hubert abwenden, denn sich von ihm abzuwenden hieße sich einzugestehen, daß sie sich ihm zugewendet hatte und enttäuscht worden war. Es kam darauf an, jede Hoffnung geheimzuhalten, denn dann konnte man auch die Enttäuschung, die auf sie folgte, geheimhalten. Ein Mädchen, das es darauf anlegte, ausgelacht zu werden, verdiente es nicht besser. Rose wollte sich nicht von Hubert abwenden und ihm sagen, er solle sich bloß nie wieder bei ihr blicken lassen, sondern sie wollte sich von ihm abwenden, bevor er die Chance hatte, sich von ihr abzuwenden. Eigentlich aber wollte sie sich gar nicht von ihm abwenden, denn wenn sie nicht ihn vor Augen hatte, würde sie wieder auf etwas starren müssen, das es nicht gab – außer im Dunkeln, wo es nicht zu sehen war, obwohl sie wußte: es sah zu ihr, und im Schlaf, wo es nicht zu hören war, obwohl sie wußte: es rief zu ihr. Sie wollte nicht, daß ihr Vater sie traurig sähe.

Die rote Flamme unter dem Herz-Jesu-Bild flackerte heftig, sank in sich zusammen und erlosch. Rose schlug die Hände vors Gesicht, um jeden Laut zu ersticken, dann streckte sie beide Hände aus und faßte Mary bei den Schultern, so daß sie aus dem Schlaf schrak. »Oh, Mary«, sagte sie. »Schnell, wach auf! Die Herz-Jesu-Lampe ist ausgegangen! Bitte wach auf!«

Mary seufzte, dann sprang sie auf. »Oh, Rose«, sagte sie. »Wie lange hab ich geschlafen? War es lang?«

»Nur zwei, drei Minuten, Mary. Ich hätte dich ja auch nicht geweckt, aber die Lichter – das Licht in der Lampe ist ausgegangen. Ich gehe jetzt besser nach unten. Ich darf doch gar nicht in diesem Zimmer sein.«

»Du gehst besser nach unten, und ich geh besser wieder in die Küche. Ich hole ’ne andre Kerze für die Lampe. Ich werd jetzt die

Tür aufmachen, Rose, aber warte, bis ich nachgeschaut habe, ob jemand auf dem Flur ist.«

Auf dem Flur war niemand, und als Mary sich hinunterbeugte, um die Tür hinter Rose abzuschließen, lächelte sie sie an. »Ich weiß nicht, was in mich gefahren ist, einfach so einzuschlafen«, sagte sie. »Dauernd schlaf ich ein. Jedesmal, wenn ich mich hinsetze, schlaf ich ein.«

Rasch entfernte sie sich von Rose und ging zur Hintertreppe. Sie mußte gehört haben, wie Rose ihren Namen rief, wandte sich jedoch nicht um und blickte nicht zurück. Als sie schon verschwunden war, sah Rose ihr noch immer nach. Hundert Dinge waren ihr eingefallen, die sie Mary hätte sagen wollen, aber auf das Richtige war sie nicht gekommen. Sie wußte, wenn sie all die falschen Wörter hätte aus dem Weg räumen können, dann hätte sie bestimmt zuunterst das eine Wort gefunden, das allen Schmerz so abtötete, daß er niemals wiederkehrte. Es gab ein solches Wort. Einst hatte sie es gewußt und wußte es noch immer, aber sie konnte es für Mary nicht übersetzen. *Vater.*

Rose suchte ein Wort für Vater. Sie suchte ein Wort, das sie *aussprechen* konnte. Inzwischen gab es ein einfacheres Wort für Vater, aber sie wußte nicht, welches. In seiner neuen Gestalt war er gestaltlos und hörte nicht mehr auf den Namen Vater. Inzwischen gab es ein Wort für ihn, so wie er jetzt war, aber sie wußte nicht, welches, nur daß es ein ganz gewöhnliches Wort war und sie es unbedingt in Erfahrung bringen mußte, damit sie es sich flüsternd vorsagen konnte. Einmal hatte er sie zu dem stillgelegten Steinbruch vor der Stadt mitgenommen, sie hatten am äußersten Rand gestanden und tief unten das glitzernde Wasser erblickt, er hatte einen Penny hinuntergeworfen, sie hatten ihn fallen sehen, und er hatte ihr gesagt, der Penny werde immer weiter fallen und niemals aufhören zu fallen, denn der Steinbruch sei bodenlos und das Wasser, das sie sähen, nur der Beginn eines unvorstellbar tiefen Abgrunds. Er sagte, soweit er wisse und soweit irgend jemand wisse, werde der Penny in alle Ewigkeit so weiter fallen. Und dann lachte er sie an und sagte, wenn sie Geld sparen wolle, solle sie es in den Steinbruch werfen, denn dort fände es niemand, und nur sie würde wissen, wo es lag. Nur sie – und er.

Hubert stand allein unten in der Eingangshalle und wartete darauf, daß Rose die Treppe herunterkäme. In der Hand hielt er ihr Spitzentaschentuch. Er hatte gesehen, wie es ihr, als sie den Salon betreten hatte, aus dem Ärmel gerutscht war, und er hatte es aufgehoben und in seine Tasche gesteckt, um es für sie zu verwahren. Er hätte ihr ja gesagt, daß das Tuch in seinem Besitz sei, aber sie hatte ihm keine Gelegenheit gegeben, mit ihr zu reden. Sie war davongetanzt, immer weiter im Zimmer umhergetanzt, und hatte schließlich auch noch angefangen, mit diesem Nolan zu tanzen, und er, Hubert, war wutentbrannt ins Speisezimmer geflüchtet und hatte ein Schinkensandwich nach dem anderen verzehrt, um nicht mitansehen zu müssen, wie sie in den Armen dieses besseren Eckenstehers, dieses Liebe heuchelnden Weiberhelden lächelte.

Hubert war wütend und beunruhigt. Sie hatte sich davongestohlen. Er hatte sie für immer verloren. Davon war er überzeugt. Überall hatte er nach ihr gesucht. Er wollte keines der Mädchen bitten, hinaufzugehen und nachzuschauen, ob ihr etwas fehle. Er kannte Rose nicht sehr gut und wollte sie nicht verärgern. Er hätte ohnehin niemanden gebeten hinaufzugehen, schon allein aus Furcht, sie könnte überhaupt nicht oben sein. In der vergangenen Woche war es immer das gleiche gewesen. Jeden Abend war er zu ihr gegangen, um sich zu vergewissern, daß sie noch da war und sich nicht in Luft aufgelöst hatte, und jeden Abend, wenn sie ihn zur Tür brachte, hatte sie eine Miene aufgesetzt, die besagte, daß sie ihn zum letzten Mal gesehen habe und es ihr einerlei sei – eine gleichgültige und ausgesprochen grausame Miene. Sie wußte sehr wohl, weshalb er Abend für Abend wiederkam, ohne eingeladen zu sein, und offenbar auch ohne jede Aussicht darauf, jemals eingeladen zu werden. Sie mußte doch wissen, weshalb er immer wieder vor ihrer Tür stand, sich lächerlich machte und sich nicht darum scherte, sich lächerlich zu machen. Und er scherte sich nicht darum, daß er sich auch jetzt lächerlich machte, wie er, ihr kleines Taschentuch in der Hand, hier draußen mitten in der Eingangshalle stand. Zu Beginn seiner Wache hatte er lässig dort drüben an der offenen Haustür gelehnt, die Hand und ihr Taschentuch in seiner Hosentasche, den Blick achtlos auf die Treppe geheftet, aber dann hatte seine Unruhe die Oberhand gewonnen, und er war näher und näher an den Fuß der Treppe gerückt, bis er sich fast beherrschen mußte, um nicht, zwei Stufen auf einmal nehmend, die Treppe hinaufzustürzen und ihr zuzurufen, zu ihm zu kommen und mit dem Unsinn aufzuhören. Aber was, wenn sie gar nicht oben war? Vielleicht war sie entschwunden, entflohen, allein nach Hause entschlüpft? Überraschen würde ihn das nicht. Sie tat, was immer ihr gerade in den Sinn kam. Sie hatte keinen Verstand. Sie war wie ein Kind. Oft kam sie ihm vor wie ein Kind, das durch ein Irrenhaus wandelt und keine Angst hat, weil es den Unterschied zwischen Drinnen und Draußen nicht kennt. Aber sie hatte allen Grund, Angst zu haben. Alles mögliche konnte ihr zustoßen. Was, wenn sie sich in den Kopf gesetzt hatte, allein nach Hause zu gehen? Er würde sie nie mehr wiedersehen, denn bei so einer Mutter, die immer dabei war, die jeden Abend mit ihnen in der Küche saß und in einem fort quasselte, war sie so gut wie unsichtbar.

Da erschien Rose auf dem Treppenabsatz. Sie kam vom oberen Flur und bog eben um das geschwungene Geländer. Herrgott, dachte Hubert, was ist das doch für ein schönes Haus. Schau dir den wunderbaren Treppenaufgang an, den sie haben. Und er beobachtete Rose. Er dachte: Sie ist unsterblich, mit diesem hellen Haar … Sie erinnerte ihn an den Wald von Arden. Sie trug ihren Mantel über dem Arm und kam langsam, Schritt für Schritt, die Treppe herunter, wie ein Kind. Er fand, daß sie unzufrieden aussah, aber dann schaute sie auf, sah, wie er sie beobachtete, und schenkte ihm ein verschwörerisches Lächeln, als habe er sie in einer unvorteilhaften Situation ertappt und als mache es ihr nichts aus. Er dachte: Sie ist nicht sehr groß, und voller Bewunderung fragte er sich, welche Schuhgröße sie wohl hatte. Als sie die drittletzte Stufe erreichte, blieb sie stehen und sah ihn an.

»Ich habe Angst vor der Treppe«, sagte sie, und dann setzte sie hinzu: »Sie sehen sehr höflich aus, wie Sie so dastehen.«

»Ich habe gedacht, ich würde gern in Sie hineinbeißen«, sagte er und grinste dümmlich, während sie drei weitere Schritte tat und endlich vor ihm stand.

Er reichte ihr das Taschentuch, überließ es ihr, als gäbe er seinen Reisepaß heraus, seinen Passagierschein oder, gewissermaßen, seine einzige Hoffnung, jemals Zuflucht in ihrem Land zu finden. Ohne Verwunderung nahm sie das Taschentuch entgegen, aber er sah, daß sie es, sobald sie es in der Hand hielt, mit den Fingern umschloß. Sie blickte ihn an, und er dachte: Sie ist die einzige in der Welt, die mich wahrnimmt … Ihre Augen waren grün, von der Farbe des Seegrases, und in ihren Tiefen fand er das Licht, das ihn bestimmen und auf Dauer umhüllen würde. Er dachte: Sie ist mein wahres Ich, und wollte ihr von all seinen Nöten erzählen.

»Ich kann nicht tanzen«, sagte er. »Ich hätte es Ihnen ja vorher schon gesagt, aber ich habe mich geschämt.«

»Hubert«, sagte sie, »es gab eine Menge Dinge, die ich Ihnen sagen wollte. Ich wollte Ihnen von meinem verlorenen Taschentuch erzählen, dabei war es ja gar nicht verloren, aber das wußte ich nicht. Es gab eine Menge anderer Dinge, von denen ich Ihnen erzählen wollte, von den Vorhängen und so weiter – eine ganze Menge Dinge. Aber zuerst möchte ich wissen – es gibt sonst niemanden, den ich fragen könnte, aber bitte lachen Sie mich nicht aus – ich möchte wissen, woher die Musik kommt.«

»Warten Sie, ich zeig's Ihnen«, antwortete er. »So gut wie ein richtiges Orchester. Sie würden es niemals finden, es sei denn, Sie suchten danach. Das Haus ist größer, als man meint. Wir müssen durch den Salon. Warten Sie nur. Ich wäre nie darauf gekommen, wenn ich Sie nicht gesucht hätte.«

Er nahm ihr den Mantel ab und legte ihn über eine Stuhllehne. »Da ist er sicher«, sagte er.

Dann ergriff er ihre Hand und führte sie zum Salon, als wollten sie wie alle anderen tanzen. An der Tür merkte er, wie sie angesichts des im Zimmer herrschenden Gewühls zögerte, und lächelte sie ermutigend an.

»Kommen Sie, Rose«, sagte er. »Kopf hoch und ab marsch. Wenn wir nicht aufpassen, wird uns einer von diesen Irren noch zertrampeln.«

Ein Hungeranfall

Mrs. Derdon hatte das Gesicht einer Frau, die viel zu erdulden hat. In diesem Augenblick stand sie in der Küche und hatte zu erdulden, daß sie für sich und ihren Mann das Abendbrot richten mußte. Ihr Mann hieß Hubert. Sie hatte zu erdulden, daß sie zwei Tassen, zwei Teller, zwei Untertassen und so weiter decken mußte, von jedem nur zwei. Für mehr als zwei Personen zu decken war nicht nötig. Der dritte Platz war leer, das dritte Gesicht fehlte. John, ihr Sohn, hatte sein Elternhaus verlassen und würde nicht mehr zurückkehren, denn er war für immer in der größten Gletscherspalte des irischen Familienlebens verschwunden – dem Priesteramt. John war fortgegangen, um Priester zu werden.

Ein Gedanke, den Mrs. Derdon nicht erdulden mußte (da sie sich ihm nie gestellt hatte), lautete: Ach, wäre Hubert doch bloß gestorben, dann hätte John mich niemals verlassen, niemals, niemals, niemals. Er hätte mich niemals allein gelassen ... Allerdings hatte sie die heimliche Anwesenheit dieses Gedankens in ihrem Geist zu erdulden, wo er im Verborgenen schlummerte und sich von ihrer Energie, ihrem Willen und ihrer schwindenden Hoffnungsfähigkeit nährte.

Sie hatte noch nie einen Entschluß gefaßt. Entschlußkraft war ihr unbekannt. Ihre Entscheidungen – Entscheidungen über das Essen, das sie auf den Tisch stellte, oder über diverse Haushaltsangelegenheiten – wurden ihr von der Gewohnheit diktiert und von dem Haushaltsgeld, das Hubert ihr bewilligte. Hubert war ein genügsamer Mann. Nicht, daß er ihr unfreundlich begegnete, aber er war sparsam. Er hatte ausgerechnet, daß der Haushalt mit der und der Summe geführt werden konnte, und dies war die Summe, die er jeden Freitagmorgen herausrückte. Wenn er auf dem Weg zur Arbeit nach unten kam, hielt er sie immer schon, bis auf den letzten Penny abgezählt, in der Hand. Jeden Freitagmorgen wartete sie am Fuß der Treppe, und er händigte ihr kommentarlos das Geld aus.

Früher, als John noch im Haus war, stand er manchmal dabei, wenn Hubert ihr das Geld überreichte, und dann tauschten die beiden, sie und John, einen schnellen Blick. Ihr Blick besagte: »Du siehst ja, wie er mich behandelt.« Und Johns Blick besagte: »Ja, ich seh's.« Sie kamen überein, daß Hubert sich nur deshalb so verhielt, weil er es nicht besser wußte. Dieses Wissen, daß Hubert es nicht besser wußte, bildete die Grundlage und den Rahmen für die Verschwörung der beiden, die ihre Tage so interessant machte und den meisten ihrer Gespräche zu einem lebhaften Auftakt verhalf. Sie sprachen unablässig von Hubert. Hubert brauchte gar nichts Ungewöhnliches zu tun, damit sie von ihm sprachen – nicht, daß er je etwas Un- oder Außergewöhnliches getan hätte. Er brauchte lediglich seinen Gewohnheiten nachzugehen: nach Feierabend hereinkommen, in der Zeitung blättern, sich anschließend an den Abendbrottisch setzen, zu Bett gehen und in der Frühe aufstehen; er brauchte nur all die Dinge zu tun, die er immer tat – eine Routine, von der er niemals abwich und die ihm doch nie eintönig wurde. Huberts Tagesablauf hatte etwas Beharrliches, das die Aufmerksamkeit auf sich zog, so als benehme er sich absichtlich so und könne die Farce jeden Augenblick beenden, sich umdrehen und ihnen jenes Gesicht zeigen, das beide ihm zutrauten: sein wahres Gesicht, das Gesicht eines *Unholds,* das Gesicht eines Gewalttäters, der imstande war, die leidenschaftlichsten und entsetzlichsten Dinge zu sagen und zu tun, schockierende Dinge. Stets ließ er sie im Ungewissen, und solange er sich im Haus aufhielt, wechselten sie immer Blicke, selbst wenn sie ihn nur oben umherlaufen hörten. Hubert jedoch bewahrte seine gewohnte Haltung: milde, liebenswürdig, selbstgefällig, gestählt von einem natürlichen Mißtrauen gegen jedermann und gegen jedes Wort, das jemand äußerte, und vollkommen gefestigt in seinem Vertrauen in die eigene Urteilskraft.

Nun, da John aus dem Haus war, hatte Mrs. Derdon niemanden mehr, mit dem sie Blicke wechseln konnte. Bis auf Hubert hatte sie niemanden mehr, den sie anschauen konnte. Hubert könnte sich in einen rasenden Irren verwandeln, der vor Wut schäumte und fluchte, und außer ihr wäre niemand da, der ihn sähe. Niemand mehr schaute sie an, und sie hatte das Gefühl, vollkommen unsichtbar geworden zu sein. Zugleich war ihr, als sei sie sich in ihrer Einsamkeit im Haus den ganzen Tag über selbst auf den Fersen, treppauf, treppab. Sie traute sich kaum, in den Spiegel zu sehen, da das Gesicht, das ihr entgegenblickte, keines war, das ihr wohlwollte, sondern ihr eigenes, ihr eigenes energisches, aber wehrloses Gesicht, das Gesicht einer Frau, deren Lebensmut durch die Qualen wahrhaftig hilflosen Selbstmitleids längst zu bloßer Standhaftigkeit versteinert war. Es gab keine Hoffnung für sie. Zumindest redete sie sich das ein.

Es gab im Haus keine Hoffnung für sie. Ihr ganzes Leben spielte sich im Haus ab. Sie verließ es nur, um einkaufen zu gehen oder die Messe zu besuchen. Sonntags ging sie zur Frühmesse (sie und John waren immer gemeinsam hingegangen), und Hubert ging allein zur Spätmesse. Es war schon viele Jahre her, lange vor Johns Auszug, daß die drei einen gemeinsamen Spaziergang unternommen hatten, und sie und Hubert gingen nie aus und besuchten niemanden. Nie lud er einen Arbeitskollegen ein, einen Abend bei ihnen zu verbringen, sich zur Sommerszeit den Garten anzusehen oder dergleichen. Seit ihrer Hochzeit hatte Hubert demonstriert, daß er ihr in Geldangelegenheiten mißtraute – er warf ihr vor, keinen Sinn für Geld zu haben –, und im Lauf der Jahre war er dazu übergegangen, auch allem, was sie außerhalb der eigenen vier Wände sagte oder tat, zu mißtrauen. Bei den Priestern in Johns Schule oder auf Versammlungen, an denen sie in den Anfängen ihrer Ehe gelegentlich teilgenommen hatten, war Hubert aufgefallen, daß seine Frau in Augenblicken der Nervosität zu einem anderen Menschen wurde. Im Beisein von Fremden fing sie bisweilen zu lächeln an. Erst trug sie ein Lächeln zitternder Ängstlichkeit zur Schau, als habe man ihr Prügel angedroht, wenn sie nicht freundlich dreinblicke, gleich darauf verzog sie das Gesicht zu einer Grimasse lächerlicher Herablassung. Und ehe man sich's versah, stand oder saß sie wortlos da, in eisigem Schweigen, bis alle Welt sie anstarrte und sich über sie wunderte. Und wenn sie doch sprach, versuchte sie dünnstimmig, ihren ländlichen Akzent mit einer vornehmen, überdeutlichen Aussprache zu verdecken, die Hubert, dank seiner Weltläufigkeit, als vulgär entlarvte. Er fand es besser, sie dort zu lassen, wo sie sich wohl fühlte: zu Hause. Irgendwie war sie den Anforderungen nicht gewachsen. Sie lernte es einfach nicht, das Richtige zu tun oder zu sagen. Sie besaß kein Selbstvertrauen, und ihre Gefühle waren leicht verletzt. Wenn man versuchte, ihr etwas zu sagen, faßte sie es gleich als Kränkung auf. Hubert war der Ansicht, daß es für einen Mann in seiner Position unangenehm war, sich seiner Frau schämen zu müssen, doch es ließ sich nicht leugnen – er schämte sich ihrer. Und er bedauerte sie, da ihr Versagen nicht ihre Schuld war. Sie war nun einmal so zur Welt gekommen, wie sie war. Es ließ sich nicht ändern.

Wenn Mrs. Derdon sich von dem Spiegel abwandte, der ihre Hoffnungslosigkeit reflektierte, sah sie die Wände ihres Hauses, sah die Möbel, Bilder und Stühle, die kleinen Teppiche und den Zierat, und der Anblick all dieser Dinge tat ihr weh, denn sie hatte sich große Mühe gegeben, das Haus in demselben Zustand zu belassen wie damals, als John ausgezogen war, aber das Haus rückte ab von ihr und von der Art, wie es gewesen war, als John noch darin wohnte, als sie und John noch gemeinsam darin wohnten. Gegen die Veränderungen, die im Haus vor sich gingen, schien kein Kraut gewachsen. Als sie das gute Tafelgeschirr herausgenommen hatte, um es abzuwaschen, waren ihr ohne jeden Grund zwei Tassen aus der Hand geglitten, und jetzt wirkte die Anordnung von Gläsern und Porzellan in der Glasvitrine im hinteren Wohnzimmer unvollständig. Auf einem der Sofakissen im vorderen Wohnzimmer nahm sie einen großen Fleck wahr, von dem sie nicht wußte, wie er dorthin gekommen war. Eines der Kinder aus der Nachbarschaft hatte einen Ball in den Vorgarten geworfen und einen Rosenstrauch verkrüppelt, der seit Jahren dort friedlich vor sich hingewachsen war. Sie selbst hatte in einem Anfall von Verzweiflung einen kleinen Stapel Zeitungen, Zeitschriften und Broschüren weggeräumt, die John auf dem Schreibtisch in seinem Schlafzimmer liegengelassen hatte. Sie hatte sie nicht weggeworfen, sie lagen auf dem untersten Bord des Küchenschranks, doch selbst wenn sie sie wieder in sein Zimmer trüge, würden sie nicht so daliegen, wie er sie hinterlassen hatte, und nie wieder so aussehen wie damals, als er sie zuletzt gesehen hatte. Und sie bereute bitter, das kleine vergilbte Zeitungsknäuel herausgezogen zu haben, das er immer unter die Tür seines Kleiderschranks gestopft hatte, damit sie besser schloß. Sie hatte es ins

Feuer geworfen und ein neues Stück Zeitungspapier unter die Tür geklemmt. Nichts würde je wieder so sein wie früher.

Der Treppenläufer hatte ausgetretene Stellen, die ihr nach all den Jahren plötzlich ins Auge fielen, an der Zwischentür begann sich die Tapete abzulösen. Sie würde sich darum kümmern müssen. Selbst der Staub schien neue Flächen entdeckt zu haben, auf die er sich legen konnte, oder sich auf jeweils andere Flächen zu legen. Es kam ihr vor, als würde sie, wenn sie tagaus, tagein den Staub aufkehrte, eigentlich nur die Zeit aufkehren, die seit Johns Weggang verstrichen war – jeden Tag mehr Staub, jeden Tag mehr Zeit –, und ihr kam der Gedanke, daß sie für den Rest ihres Lebens nichts anderes tun würde als die Zeit aufzukehren, die seit Johns Weggang verstrichen wäre. Der Staub ging ihr auf die Nerven. Ihr wurde schlecht, wenn sie sah, wie er sich jeden Tag aufs neue ablagerte, neuer Staub, der genauso alt und schmutzig aussah wie der alte Staub, den ihre Mutter vor langer Zeit in dem kleinen Städtchen, wo Rose geboren und aufgewachsen war, unablässig aufgekehrt und entsorgt hatte. So wie eine tickende Uhr immer wieder aufgezogen werden mußte, so breitete sich der Staub im Haus aus und legte sich auf ihre Hände. Er legte sich auf ihre Hände und auf ihre Handgelenke, und wie gründlich sie sich auch die Fingernägel schrubbte, etwas schien sich immer darunter festzusetzen. Sie fand, daß sie die Hände eines Dienstmädchens hatte. Huberts Hände waren weich und sauber, ihre hingegen groß und rauh, als sei sie jemand, der mit den Händen arbeite. Oft hatte sie Hubert dabei ertappt, wie er ihre Hände betrachtete, wenn sie das Essen auf ihrem Teller zerkleinerte, und wie er sie anstarrte, wenn sie sich das Essen in den Mund schob. Sie aß immer viel Brot, und bestimmt fragte er sich manchmal, wie sie so viel Brot essen konnte und weshalb sie es so schnell hinunterschlang. Sie konnte nichts dafür – zwar empfand sie es als anstößig, so viel Brot oder überhaupt so viel zu essen, aber sie hatte Lust darauf und schlang es schnell hinunter, und es gab Augenblicke, da sie spürte, wie sie vor lauter Trotz und Begierde errötete, wenn sie nach dem Brotlaib griff, um sich eine weitere Scheibe abzuschneiden. Immerhin, seit John aus dem Haus war, hatte sie aufgehört, Marmelade auf den Tisch zu stellen. Sie und John liebten Marmelade, nur Hubert machte sich nichts daraus. Als John noch im Haus war, hatte sie immer Marmelade gekocht – Himbeer-, Zwetschgen- und Stachelbeermarmelade –, doch am besten schmeckte ihnen die dickliche Konfitüre, die in teuren Gläsern aus England kam. Am besten stellte man die Konfitüre gar nicht erst auf den Tisch. Zwar beanstandete Hubert die Geldausgabe nicht, zuweilen aber nahm er das Glas in die Hand, drehte es um und studierte eingehend das Etikett, bevor er das Glas wieder absetzte. Selbst wenn das Glas nahezu voll war, stellte er es auf den Kopf und spähte hinein. Einmal hatte er gesagt: »Eine gute Idee, Lesestoff bei Tisch.« John hatte laut gelacht, und sie hatte es herzlos von ihm gefunden, so loszulachen, wo er doch genau wußte, daß sein Vater nur nach einer weiteren Möglichkeit suchte, um sie herabzusetzen.

In den sechs Monaten, die vergangen waren, seit John das Haus verlassen hatte, um Priester zu werden, war sich Mrs. Derdon jeden Tag darüber im klaren gewesen, daß er fort war und nicht mehr zurückkehren würde, und doch vermeinte sie jeden Tag, es zum ersten Mal zu begreifen. Diese Erkenntnis ließ sich nicht abweisen, nahm sie vollkommen in Besitz und bestimmte alle ihre Handlungen. Einmal befahl sie ihr, sich hinzusetzen, ein andermal, gleich wieder aufzustehen, unverzüglich und ohne jeden Grund – außer daß die Macht der Erkenntnis Grund genug war, da sie Rose nunmehr in jeder Minute lenkte, beherrschte, in Gang hielt und allem, womit sie sich beschäftigte, eine eigene geheimnisvolle Ordnung verlieh. Ohne diese Erkenntnis, die ihr den ganzen Tag lang keine Ruhe ließ, hätte sie nicht gewußt, was sie als nächstes tun sollte, und hätte getan, was sie eigentlich tun wollte, nämlich sich unters Bett verkriechen, das Gesicht auf den Fußboden legen und schlafen. Andauernd wollte sie sich auf den Fußboden legen. Die Erkenntnis, daß John fort war und nicht wiederkommen würde, nahm unterschiedliche Formen in ihr an, setzte sich jedoch immer an derselben Stelle fest, genau unterhalb ihres Brustkorbs, mitten zwischen den Rippen. Bisweilen wich sie ganz von ihr, und Rose fühlte sich leer, und in diesen Momenten ging sie in die Küche, um sich etwas zu essen zu machen, aber fast immer, wenn das Essen vor ihr stand, stellte sich die Erkenntnis wieder ein, und bei dem bloßen Gedanken an Essen wurde Rose übel. Manchmal, wenn die Erkenntnis ganz von ihr wich oder es zumindest so schien, wurde Rose furchtbar aufgeregt und rannte zu einem der Vorderfenster in der festen Überzeugung, daß John nach Hause kam, daß er, den Koffer in der Hand, genau in diesem Augenblick die Straße entlanglief und sie nur noch eine Minute oder so zu warten brauchte, bis sie seiner ansichtig würde, wenn er von der Hauptstraße um die Ecke bog. Aber natürlich kam er nicht und würde auch nicht kommen, und ihre innere Erregung flachte ab und betäubte sie mit ihrem Gewicht, und ihre Enttäuschung, die Demütigung, zum Narren gehalten worden zu sein, war so grausam, als habe sie tatsächlich Hoffnung empfunden und nicht, wie es sich in Wirklichkeit verhielt, nur das Delirium des Verlusts.

Aus diesem periodisch wiederkehrenden Delirium waren ihr zwei Träume erwachsen, zwei lang andauernde, friedliche, angenehme Träume, die sich stetig ausdehnten, an Länge und Einzelheiten zunahmen und einander nur in zweierlei Hinsicht ähnelten – in ihrer besänftigenden Gleichförmigkeit und in ihrem Ausgang. Beide Träume endeten in dem Augenblick, da John wieder ihr gehörte, ihr allein.

Im ersten Traum kehrte John zurück. In diesem Traum hielt sie am Vorderfenster nach ihm Ausschau, und immer wenn er um die Ecke bog, ging sie hinunter, um ihm aufzumachen, aber dann wollte sie, daß sein erster Blick auf sie fiele, wie sie im Fenster stünde wie in einem Rahmen, und sie ging wieder nach oben und stellte sich (indem sie den Store beiseite schob) ans Fenster, bis er sie sah und lächelte. Wenn er zu dem niedrigen Tor gelangte, das sich zu ihrem winzigen Vorgarten hin öffnete, eilte sie in die Diele, um ihm die Haustür so weit aufzuhalten, daß er gleich eintreten und seinen Koffer in der Diele abstellen konnte, um sich von seiner Last zu befreien – er war nie sehr kräftig gewesen. Dann schauten sie einander an, und sie sagte: »Ich wußte, du kommst zurück, John.« Oder sie drückte es so aus: »Ich wußte, du kommst zu mir zurück, John.« Und er sagte: »Du hast immer gewußt, was am besten für mich ist, Mutter.« Und sie gingen in die Küche, wo sie bereits den Tisch mit allem, was ihm schmeckte, gedeckt hatte. Er aß ein wenig, und dann konnte er nicht länger für sich behalten, was ihn bedrückte, und er sagte: »Aber Mutter, hat es dir denn gar nichts ausgemacht, daß ich weggegangen bin? Hast du mich denn gar nicht vermißt? Nie hast du ein Wort gesagt, nie auch nur ein einziges Wort.« Diese Sätze teilten ihr mit, was sie hören wollte: daß ihm ihr heldenmütiges Schweigen nicht entgangen war – kein Wort hatte sie gesagt, als ihr klar wurde, daß er fortgehen und sie verlassen würde, sämtliche Ermahnungen und Vorhaltungen, die sie ihm am liebsten an den Kopf geworfen hätte, hatte sie unterdrückt – und daß er verstand, wie tapfer und selbstlos es von ihr gewesen war, ihn so umstandslos gehen zu lassen. An diesem Punkt ihres Wiedersehens hatten sie sich immer so viel zu sagen. Sie tranken Unmengen Tee, und sie erzählte ihm, wie schrecklich sie ihn vermißt habe. Furchtbar einsam sei sie gewesen und habe sogar geweint vor lauter Sehnsucht (sie erinnerte ihn daran, daß sein Vater keine Gesellschaft für sie war), jedoch habe sie nur an sein Wohl gedacht und wolle immer nur, was sie stets gewollt habe – sein Bestes. Und immer habe sie sich vorgenommen, ihn, solange sein Herz daran hing, in Frieden ziehen zu lassen.

Aber das alles war nur ein Traum. Er kam ja nicht zurück, und sie bereute bitter, daß sie ihn so umstandslos hatte gehen lassen. So überzeugt war sie, er werde zurückkommen, daß sie kein Wort gesagt und stumm ihr Opfer dargebracht hatte, damit er es bewundere. Es gab so vieles, was sie ihm hätte sagen können an jenem Abend, als er endlich mit ihr sprach und ihr mitteilte, alles sei entschieden, sein Entschluß stehe fest, und er gehe fort. Zu diesem Zeitpunkt hatte sein Entschluß durchaus noch nicht festgestanden. Mit einem einzigen Wort hätte sie ihn zurückhalten können. Sie hätte ihn daran erinnern können, daß er ihr einziges Kind und seinem Vater und seiner Mutter verpflichtet sei. Außerdem glaube er doch gar nicht an sich; die Schulabschlußprüfungen habe er nur dank ihrer Gebete und Ermutigungen bestanden. Sein ganzes Leben lang habe sie ihn auf Händen getragen, und jetzt bilde er sich ein, auch ohne sie zurechtkommen zu können. Wie er denn in einem Haus voller Männer – Priester und Seminaristen – zurechtkommen wolle, alle welterfahrener und besser für das Priesteramt gerüstet als er? Herabsehen würden sie auf ihn. Er werde noch froh sein, diesem Ort zu entkommen und zu ihr zurückzukehren.

Aber er kehrte nicht zurück, und wieder regte sich in ihr diese Erkenntnis, übernahm das Kommando und begann ihr Befehle zu erteilen, und sie gehorchte, erhob und setzte sich, eilte hierhin und dorthin und fand nirgendwo Ruhe, denn Ruhe wäre ihr erst dann beschieden, wenn sie sich einfach auf den Fußboden legen, das Gesicht in eine Ecke drücken und ihre Gedanken in den Schlaf gleiten lassen könnte, aber in einen anderen, geräumigen Schlaf, ganz tief und weit, wo es keine Sorgen gab und wo ihre Gedanken nicht auf Träume beschränkt wären, sondern frei schweben, sich verflüchtigen, vielleicht sogar sich losreißen und davonfliegen könnten wie der Luftballon eines Kindes und die Last ihrer Erinnerungen mit sich nähmen.

Nicht nur gab es nichts Angenehmes, es gab überhaupt nichts Bestimmtes zu erinnern, nur die vielen, vielen Jahre, die seitdem verflogen und jetzt ganz dahin waren und nur noch Reste hinterlassen hatten – sie, Hubert, die Möbel; selbst die Pflanzen im Garten schienen nur deswegen festgewurzelt, um die Niedertracht der Zeit zu bezeichnen. All die Dinge, die sie gesammelt und übers ganze Haus verteilt hatte, könnten verwehen oder zu einem jämmerlichen Haufen zusammenstürzen, wenn die Mauern des Hauses nicht auf beiden Seiten an die Mauern der Nachbarhäuser anstießen. Sie hatte nichts im Blick, das ihre Augen schonte, und nichts im Sinn außer der Erkenntnis, daß John fort war, und der Notwendigkeit, sich dem Diktat dieser Erkenntnis zu beugen, um ihre Flucht davor fortsetzen zu können, und sei es nur für eine kleine Weile. Diese Erkenntnis setzte ihr zu, sie mußte ihr gehorchen und zugleich so tun, als bemerke sie sie gar nicht. Es gab nur eine Tageszeit, zu der sie sie ignorierte, da die Erkenntnis am schwächsten war und sie selbst am stärksten: wenn sie morgens aufwachten, die Erkenntnis und sie. Dann regte sich die Erkenntnis noch kaum und flüsterte ihr nur zu, sofort wieder einzuschlafen, um nie mehr aufzuwachen. Aber das überhörte sie, denn für sie war es eine Frage des Stolzes, aufzustehen, sich anzukleiden und, bevor Hubert die Augen aufschlug, hinunterzugehen, ihm das Frühstück hinzustellen und einen Teil der Hausarbeit verrichtet zu haben, bevor er nach unten in die Küche kam.

Es war schrecklich, niemanden zu haben, bei dem sie sich beklagen konnte; nicht, daß sie sich wirklich über etwas zu beklagen hatte, aber es war schrecklich, niemanden zu haben, mit dem sie reden konnte. John war Mrs. Derdon stets ein großer Vertrauter, die Heilige Jungfrau ihr ein ganzes Leben lang ein großer Trost gewesen, die Eine, an die sie sich stets um Hilfe, Rat und Verständnis wandte, doch konnte sie schwerlich Zuflucht zur Heiligen Jungfrau nehmen, da es doch die Heilige Jungfrau war, die ihr ihren John weggenommen hatte. Zwar war es nicht die Heilige Jungfrau selbst, die ihr ihren John weggenommen hatte, vielmehr seine Liebe zur Heiligen Jungfrau, aber am Ende lief alles auf dasselbe hinaus, und sie fühlte sich von beiden hintergangen und im Stich gelassen.

John war stets ein sehr frommer kleiner Junge gewesen. Immer wieder hatte er seine Andachtsbildersammlung geordnet, seine religiösen Anstecknadeln betrachtet und seine kleinen Heiligenreliquien im ganzen Haus verteilt. Als er klein war, hatte er die Gewohnheit, mit einem Andachtsbild in der Hand in die Küche zu kommen, und dann stand er da und betrachtete es, bis sie ihn aufforderte, ihr zu sagen, was ihm im Kopf herumgehe, und immer war es, überraschend für ein so kleines Kind, ein frommer Gedanke. Am Abendbrottisch legte er manchmal ein Andachtsbild auf den Sitzplatz seines Vaters, lehnte es gegen die Zuckerschale oder den Milchkrug, damit sein Vater es sah, wenn er sich zu Tisch setzte. Eines Abends jedoch bereitete Hubert dem ein Ende, indem er das Andachtsbild – es zeigte den gemarterten heiligen Sebastian – auf seine Brotscheibe legte, es mit dem Messer glattstrich, als wäre es Butter, und hineinbiß. Zusammen mit dem Stück Brot biß er eine Ecke des Bildes ab und saß nun kauend da und setzte sein sogenanntes Glücklicher-Familienvater-Lächeln auf. John weinte, aber Hubert tat so, als wisse er nicht, was er verbrochen habe, und sie sagte: »Hubert, ich bin schockiert über dich.« Dann weinte auch sie, denn Hubert sagte: »Ihr zwei steht mir bis hier.«

Der zweite Traum, der von John handelte, war sehr einfach, eher eine Vision als ein Tagtraum, und eigentlich geschah darin nur eins: Sie sah sein Grab. In dem zweiten Traum war er nicht etwa fortgegangen, sondern gestorben. Es war also gar nicht seine Schuld gewesen. Er hatte sie gar nicht verlassen wollen. In dem zweiten Traum suchte sie jeden Tag sein Grab auf, saß stundenlang davor und trug Schwarz wie eine Witwe. Wenn sie weinte, litt jeder mit ihr mit, denn wer hatte ein größeres Recht zu weinen als eine Frau, die ihren einzigen Sohn verloren hatte? Jeder, der sah, wie sie Tag für Tag – ob Regen, Hagel, Graupel oder Schnee –, ganz gleich wie ihr zumute war, zum Grab ging und je nach Jahreszeit Blumen, Blätter und Farne mitnahm, bewunderte ihre Hingabe. Sie betrauerte John ohne Unterlaß, und selbst Hubert brachte es kaum übers Herz, sie wegen ihres langen Gesichts zu tadeln.

Als sie an diesem Abend für sich und Hubert das Abendbrot anrichtete, im Geiste aber Stechpalmen- und Efeuzweige auf Johns Grab steckte, hörte sie Huberts Schlüssel im Türschloß, dann fiel die Haustür zu. Jetzt würde Hubert ins hintere Wohnzimmer gehen, das Feuer im Kamin anzünden und sich davorsetzen, bis sie ihn zum Essen rief. Mitunter zündete auch sie das Feuer im hinteren Wohnzimmer an und setzte sich selbst davor. An diesem Nachmittag war sie kaum aus der Küche gekommen. Sie verfeuerten Kohle. Die Kohlen und das Brennholz bewahrten sie zusammen mit Roses Gartengeräten hinter dem Haus in einem kleinen Holzschuppen auf. Jeden Tag schleppte sie zwei Eimer Kohlen herein, einen eisernen für den Küchenherd und einen aus Messing fürs Wohnzimmer. Manchmal, wenn sie die Eimer mit Kohlen anhob, fragte sie sich, ob Hubert eigentlich einen Begriff davon hatte, wie schwer sie waren. Als sie jetzt durch die Küche ging, um die Gasflamme unter dem Wasserkessel niedriger zu stellen, sah sie vor dem Herd den bis an den Rand gefüllten Messingeimer stehen. Sie hatte ihn hereingetragen und vergessen, ihn ins Wohnzimmer hinaufzubringen. Sie ärgerte sich über sich selbst, weil sie vergessen hatte, ihn hinaufzutragen, damit er bereitstand, wenn Hubert hereinkam. Ein schlechtes Zeichen – allmählich vergeßlich zu werden, Dinge zu vergessen, die erledigt werden mußten. Die Chance, zu ihr herunterzukommen und sie um den Eimer zu bitten oder ihr gar dabei zuzusehen, wie sie die drei Stufen erklomm, die in die Diele und zum Wohnzimmer führten, würde sie ihm jedenfalls nicht geben. Er behauptete, ein schwaches Herz zu haben, weswegen er jegliche Anstrengungen meiden müsse. Aber als er vierzig war, dreißig oder noch jünger, war es auch nicht anders gewesen. Er ließ sich eben gern bedienen.

Sie nahm den Griff des Messingeimers in beide Hände und trug ihn mit Mühe durch die Küche, die Stufen hinauf und ins hintere Wohnzimmer. Hubert hatte bereits ein Streichholz ans Feuer gehalten, das sie mit Papier, Holzscheiten und ein paar darüber gestreuten Kohlestückchen vorbereitet hatte. Mit der aufgeschlagenen Zeitung, seinem Abendblatt, fächelte er die kleine Flamme. Als sie eintrat, drehte er sich um, die Zeitung blähte sich zum Kamin hin und fing Feuer. Vor Schreck ließ er sie fallen. Mrs. Derdon rannte hin, ergriff den Schürhaken und stieß die Zeitung in den Rost. Die brennenden Zeitungsfetzen schwebten in die Höhe und im Zimmer umher. Während sie sie austrat, stürzte Hubert zur Küche und rief: »Schon gut, schon gut! Ich hole Wasser!« Dann kam er mit dem heißen Kessel, den er vom Herd gerissen hatte, hereingestürmt und goß einen Strahl Wasser über das Kaminfeuer. Das Feuer, das bereits gezähmt war, gab seinen Geist auf und verwandelte sich in einen schwarzen Sud, der zwischen den Stäben des Rosts auf die Kacheln der Kaminplatte quoll, wo er Lachen verschiedener Größe und Form bildete.

Mrs. Derdon setzte sich in einen Sessel und begann hilflos zu weinen. Erst barg sie das Gesicht in den Händen, dann raufte sie sich die Haare, schließlich schlug sie die Arme um sich und wiegte sich vor Kummer. Nun hatte die Unordnung sie doch besiegt, und sie konnte nichts mehr dagegen ausrichten. Sie mochte sich noch so sehr anstrengen, das Zimmer würde nie mehr so aussehen wie früher. Das war das Schlimmste, was Hubert ihr je angetan hatte, sie konnte John nicht als Zeugen anrufen und würde niemals Worte finden, um es ihm zu schildern. Sie funkelte Hubert an. Der beobachtete sie voller Abneigung und Angst.

»Ach, was soll ich nur tun?« rief sie.

»Um Himmels willen, reiß dich zusammen«, brüllte Hubert. »Was hast du nur? Es ist doch nichts passiert.«

»Was ich habe?« rief sie. »Was fällt dir ein, hier hereinzukommen und das Feuer anzuzünden, wenn nichts als Papier im Kamin ist? Natürlich konntest du nicht in die Küche kommen und mich um Kohlen bitten. O nein, du doch nicht. Du wartest lieber, bis man sie dir hochbringt, und steckst in der Zwischenzeit das Haus in Brand.«

»Halt doch den Mund!« brüllte Hubert. »Hast du gehört? Halt den Mund, bevor ich etwas sage, das du nicht hören willst.«

»Erst vertreibst du meinen Sohn, und dann versuchst du, mir das Dach überm Kopf anzuzünden!« keifte Mrs. Derdon.

»Ich hätte das Haus niederbrennen sollen, solange er noch hier war!« brüllte Hubert. »Du hast mir vielleicht einen Schreck eingejagt – mit deinem Muttergottesgesicht hier hereingetrampelt zu kommen und die Kohlen so auf den Boden zu knallen. Da habe ich die Zeitung halt fallen lassen. Daran bist nur du schuld, mit deinem Trotz und deiner miesen Laune.«

Sie setzte sich in ihrem Sessel vor, um etwas zu sagen, aber in dem Sturm des Hasses, der sie blendete, betäubte und erstickte, konnte Hubert ihre Worte nicht verstehen. Sie zitterte so sehr, daß sie, als sie sich vorbeugte, um ihm ihre Anschuldigungen besser entgegenschleudern zu können, aus ihrem Sessel fiel und auf allen vieren auf dem Fußboden landete. Sie zog sich an dem Sessel hoch, als zöge sie sich an einem Felsen aus dem Meer, dann warf sie Hubert einen erschrockenen, hilfesuchenden Blick zu, der sogleich hinter einem einfältigen, flehentlichen, bangen Lächeln verschwand.

Hubert sah das Lächeln und wußte, daß er sie mundtot gemacht hatte. »Na, da hast du dich aber hübsch blamiert«, rief er, »so hinzufallen, im Zimmer herumzutaumeln und wegen ein paar Flecken auf dem Linoleum zu weinen! Jetzt komm, laß den Kopf nicht hängen und hör auf, wegen nichts und wieder nichts so ein Theater zu machen.«

»Ach, wegen nichts und wieder nichts?« rief sie. »Wenn John hier wäre, würde er dir aber die Meinung sagen. John würde mich in Schutz nehmen. John weiß, wie schwer ich geschuftet habe. Was habe ich mich abgerackert, um das Haus sauberzuhalten, und du nennst es nichts und wieder nichts. Aber was interessiert dich das schon? Du hast dir doch noch nie etwas aus mir gemacht, und aus ihm schon gar nicht, und am Ende hast du ihn sogar vertrieben.« Sie verstummte, weil Hubert sich in seinem Sessel zurückgelehnt hatte und sie anlächelte.

»Ich will dir mal was sagen, Rose«, sagte er. »Du wirst es nicht gern hören wollen, aber ich finde, es wird Zeit, daß du's erfährst. Weißt du, wer John wirklich vertrieben hat?«

Mrs. Derdon antwortete nicht.

»Antworte mir«, sagte Hubert.

»Ich dachte, du«, antwortete Mrs. Derdon.

»Du hast doch nur gedacht, was dir gelegen kam«, sagte Hubert. »Nein, ich habe John nicht vertrieben. Wir haben uns nie verstanden, aber das lag daran, daß du dir genau das zur Aufgabe gemacht hast. Du selbst hast ihn vertrieben. Er wollte weg von dir. Mehr wollte er nicht. Du wolltest ihn ja nicht einmal allein zur Schule gehen lassen. Er durfte nicht allein mit der Straßenbahn fahren wie die anderen Jungen, bis die Priester dir gesagt haben, daß du ihn in Ruhe lassen sollst. Und als er arbeiten ging, warst du doch in der Mittagspause meistens bei ihm, oder? Am Ende hat er sich geschämt, mit dir gesehen zu werden. Einen Monat vor seinem Auszug hat er mir gesagt, er würde ausziehen, aber dir hat er's erst in letzter Minute erzählt, weil er wußte, daß du ihn mit allen Mitteln daran hindern würdest, dabei war er fest entschlossen. Na, wie gefällt dir das? Sag schon, wie gefällt dir diese Neuigkeit? Mir hat er's zuerst gesagt.«

»Wenn er sich meiner geschämt hat, dann hatte er das von dir«, sagte Rose.

»Ach, das mußt du jetzt natürlich sagen«, erwiderte Hubert. »Natürlich kannst du den Tatsachen nicht ins Auge sehen. Aber ich mußte den Tatsachen ins Auge sehen. Er war dich leid, so wie ich dich leid bin, dich, dein langes Gesicht und dein Gejammer und Geseufze – ich wünschte, du würdest das Zimmer verlassen, ich wünschte, du würdest gehen, weitergehen, weggehen. Ich will kein Abendbrot. Ich will nur noch eins: heute abend nicht mehr dein Gesicht sehen müssen. Wirst du jetzt gehen?«

»O ja«, antwortete Mrs. Derdon. »Ich werde gehen. Und ob ich gehen werde. Aber nur, um von dir wegzukommen, mehr will ich nicht.«

Sie eilte hinaus in die Diele. Sie fühlte sich sehr frei. Sie fühlte sich sehr unabhängig. In jenem Augenblick der Ungehemmtheit musterte sie sich im Garderobenspiegel, rückte ihren Hut zurecht und steckte sich ihre beiden Hutnadeln aus Perlmutt in das dichte, hellbraune Haar. Zum ersten Mal seit vielen Jahren sah sie die Farbe ihrer Augen. Sie waren von einem trüben Grün, und als sie hinstarrte, sah sie, wie sie sich mit Tränen füllten.

Als sie die Hutnadeln ein letztes Mal feststeckte, ihren Mantel zuknöpfte, ihren Haustürschlüssel aus der Handtasche nahm und auf den Garderobentisch warf, merkte sie, daß sie in größter Gefahr schwebte. Sie mußte der Lockung widerstehen, ins Zimmer zurückzustürzen, sich neben Hubert in den Sessel fallen zu lassen und ihn um Verzeihung und Trost anzuflehen. Ängstlich lauschte sie auf das Geräusch ihrer eigenen eiligen Schritte und den Klang seiner Stimme, aber im Haus herrschte Stille, kein Laut war zu hören. Sie hatte in Gefahr geschwebt, der Lockung jedoch nicht nachgegeben, sich nicht vom Fleck gerührt. Um zu zeigen, daß sie mit keiner Begrüßung rechne, da sie nicht zurückkommen werde, löschte sie das Licht in der Diele und auch das Licht, das über der Eingangstür brannte, und verließ das Haus. Sie war erstaunt, ja sie empfand tatsächlich nachsichtiges Erstaunen über ihre früheren Qualen, ihre Hilflosigkeit und die Bedeutung, die sie dem Haus und all seinen kleinen Einrichtungsgegenständen beigemessen hatte, wo sie doch die ganze Zeit über eigentlich immer nur hatte wegrennen wollen, so weit ihre Beine sie trügen. Erst die furchtbaren Dinge, die Hubert ihr an den Kopf geschleudert hatte, hatten ihr die Augen für den wahren Sachverhalt geöffnet. Er hatte sie aus ihrem eigenen Haus gejagt. Um derartige Dinge zu äußern, mußte er einen Augenblick lang verrückt gewesen sein. Sein Gesicht war purpurrot angelaufen. So zornig hatte sie ihn noch nie erlebt. Aber er hatte sie des Hauses verwiesen. Für das Haus hatte immer sie sich verantwortlich gefühlt. Sie hatte geglaubt, er sei auf sie und ihre Fürsorge angewiesen. Es gab eine Unmenge kleiner Dinge, die sie für ihn tat – sie bediente ihn und achtete darauf, daß alles so war, wie er es haben wollte. Er würde sie schon noch vermissen. Aber niemand konnte ihr einen Vorwurf daraus machen, daß sie gegangen war – nicht nach dem heutigen Abend. Niemand konnte sie bezichtigen, vor ihren Pflichten davongelaufen zu sein. Und nach all den schrecklichen Dingen, die er gesagt hatte, konnte sie sich keine Schuld geben. Daß er sich derartige Dinge ausdachte, zeigte, was für eine Sorte Mann er war. Sie würde ihn nie verraten, würde kein Sterbenswort von dem ausplaudern, was er gesagt hatte, nicht einmal John gegenüber. Niemandem würde sie davon erzählen. Sie würde versuchen, es zu vergessen, aber es würde ihr schwerfallen, einen derartigen Schock zu vergessen.

Sie gelangte zur Straßenecke und hastete die Sandford Road entlang. Dann begann sie darüber nachzudenken, was sie tun sollte. Sie würde Father Carey sagen müssen, daß Hubert sie grundlos aus dem Haus gejagt hatte. Sie würde ihm sagen, daß sie Angst davor habe, zurückzukehren. Sie hatte vor, sich von Father Carey genug Geld zu leihen, um die Fahrt zu John bezahlen zu können. Wenn der Priester ihre Geschichte hörte, würde er ihr das Geld schon geben, davon war sie überzeugt. Sie kannte ihn nicht gut, hatte sich nur einmal mit ihm unterhalten, als John fortgegangen war, dafür war sie häufig in seiner Messe gewesen. Er würde sie bestimmt nicht abweisen. Sobald sie John wiedersähe und mit ihm reden könnte, hätte sie festen Boden unter den Füßen. Sie würde irgendeine Arbeit finden, vielleicht sogar im Priesterseminar. Nähen, Kochen, Kinder hüten, ja selbst gewöhnliche Hausarbeiten, sie würde alles auf sich nehmen. Bei Licht betrachtet, konnte sie eine ganze Menge. Als sie jung war, hatte sie immer Krankenschwester werden wollen. Vielleicht fand sie ja Arbeit in einem Krankenhaus. Sie war auf geringe Entlohnung gefaßt, gerade ausreichend, um Leib und Seele zusammenzuhalten. Sie würde ihre Arbeit verrichten, zur Messe gehen, beten, mehr würde sie im Austausch für die Chance, hin und wieder John sehen zu können, gar nicht verlangen. Sie würde sich mit Johns Freunden anfreunden. Diese würden mit ihren Problemen zu ihr kommen, und sie wäre diejenige, die am besten wüßte, wie man mit ihnen zu reden hatte. Die verantwortlichen Priester würden sich fragen, wie sie je ohne sie ausgekommen waren. Sie war überrascht, daß sie nicht schon früher auf diesen Gedanken gekommen war, und dann fiel ihr wieder ein, daß sie das Haus niemals hätte verlassen können, wenn Hubert sie nicht hinausgeworfen hätte. Jetzt konnte ihr niemand einen Vorwurf machen. Sie hatte gehandelt, weil ihr nichts anderes übrigblieb. Eines Tages, hoffte sie, würde Hubert sich schämen, aber dann wäre es zu spät. Schon jetzt war es zu spät. Solange sie lebte, würde sie weder vergessen können, was er gesagt hatte, noch sich daran erinnern können, was er denn genau gesagt hatte, jedenfalls war es etwas gewesen, das halbwegs normalen Menschen nie in den Sinn gekommen wäre.

Sie hastete die Sandford Road entlang in Richtung Eglinton Road, die nach Donnybrook führte und zu der Kirche, in der John getauft worden war und wo sie alle immer die Messe besucht hatten. Die Sandford Road, eine Hauptausfallstraße, war stark befahren. Auf der Seite, auf der sie ging, fuhren die lärmenden Straßenbahnen an ihr vorbei zur Stadt hinaus. Die Wagen waren fast leer, das Depot nicht weit. Eine der letzten Haltestellen befand sich an der Ecke der Straße, in der sie wohnte. Auf der anderen Seite der Sandford Road ratterten die Straßenbahnen auf dem Weg in die Stadt an ihr vorbei, auch sie fast leer. Es war dunkel bis auf den Schein der Straßenlaternen und den verwischten Lichterglanz der gelegentlich vorübereilenden Bahnen. Zu dieser Abendstunde war fast alle Welt zu Hause. Ein paar Männer, auf dem Heimweg von ihren Büros, und ein paar junge Mädchen kamen ihr entgegen. Andere Jungen und Mädchen sausten auf ihren Fahrrädern vorüber, nicht wie noch eine oder eine halbe Stunde zuvor in Pulks, sondern allein oder zu zweit. Am Nachmittag hatte es geregnet, die Luft war feucht und kalt, und es wehte ein kräftiger Wind, für den sie dankbar war, weil er ihr starres Gesicht zu waschen schien. Der Wind fühlte sich sauber an.

Sie überquerte die Sandford Road und blieb an der Ecke stehen, wo die Eglinton Road in die Sandford Road mündet. Die Eglinton Road war sehr breit, die großen, hohen Steinhäuser mit ihren Freitreppen standen ein Stück weit zurückgesetzt. Es war eine ziemlich wohlhabende Wohngegend. Auf der Eglinton Road war, so weit sie blicken konnte, keine Menschenseele zu sehen, und der Weg, den sie zurückzulegen hatte, schien lang und dunkel. Sie hielt es für besser, sich einen Augenblick zu setzen und ihre Gedanken zu sammeln, bevor sie dem Priester gegenübertrat. Sie wollte ihm genug mitteilen, um ihn zu überzeugen, aber auch nicht zuviel. Wollte deutlich und vernünftig mit ihm reden, damit er sie respektierte und ihr das Geld gab. Zwar wollte sie, daß er ihr das Geld gab, aber sie wollte auch, daß er sie weiterhin als rechtschaffene, verläßliche Frau ansah, die zu dem, was sie da tat, getrieben worden war. Ein paar Schritte von der Ecke entfernt, neben einem der mächtigen, ausladenden Bäume, die die gesamte Eglinton Road beherrschten, stand eine Holzbank. Der Baum war so alt und festverwurzelt, daß einige der Wurzeln knorrig und verschlungen aus dem Erdboden traten und eine Art Pediment abgaben, auf dem John als kleiner Junge oft herumgeklettert war. Während sie ihm von der Bank aus zusah, hatte er den Baum umkreist und sich mit seinen kleinen Händen am Stamm abgestützt. Obwohl es sich schwerlich um dieselbe Bank handeln konnte. Es war schon zu lange her.

Sie setzte sich und versuchte, sich die Worte zurechtzulegen, mit denen sie am besten ihre Notlage schildern und Father Careys Mitgefühl gewinnen könnte. Da war einmal das, wovon sie ihm erzählen mußte, Hubert, dann das, worum sie ihn bitten mußte, das Geld, und schließlich der Grund, weshalb sie ihn um Geld bitten mußte, John. Erst formulierte sie ihr Anliegen an den Priester so, dann so. Um ihre Geschichte plausibler zu machen, fügte sie mehr und mehr Einzelheiten hinzu, dann nahm sie einige Details wieder heraus. Sie konnte sich nicht entscheiden, ob sie ihn erst zum Schluß um das Geld bitten oder die Bitte schon im Verlauf ihrer Schilderung einflechten sollte. Je mehr sie nach Worten suchte, desto mehr war sie davon überzeugt, daß ihre Geschichte lahm und verdächtig klang. Sie war außerstande, die Szene zu beschreiben, die sich soeben zwischen ihr und Hubert abgespielt hatte. Jemand hätte ihr beiwohnen, sie mit anhören müssen, um ihr zu glauben, doch hätte ihr jemand beigewohnt, wäre es zu der Szene gar nicht erst gekommen. Wenn sie zu Father Carey ginge, würde sie sich blamieren, so viel stand fest. Er würde ihr nicht glauben. Würde der Meinung sein, daß sie sich das alles nur ausdachte oder irgendeinen unerheblichen Zwischenfall zum Vorwand nahm, um ihrem Mann eins auszuwischen und zu ihrem Sohn zu kommen. Billigen würde er es in keinem Fall. Er würde sie auffordern, zu ihrem Mann zurückzukehren. Er würde sagen: »Mrs. Derdon, Sie müssen sofort nach Hause zurückkehren. Und unter keinen Umständen dürfen Sie auch nur in die Nähe ihres Sohnes kommen. Wenn Sie Ihren Sohn bei seinen Studien stören, gefährden Sie womöglich seine innere Berufung.« Wieder und wieder hörte sie den Priester dieselben Worte sagen, nie waren es andere. Es hatte keinen Zweck. Er würde das Geld niemals herausrücken. Sie würde das Geld andernorts auftreiben müssen, nur gab es keinen anderen Ort. Aber zu Father Carey zu gehen wäre zwecklos. Schlimmer als zwecklos. Womöglich würde er seinen Wagen aus der Garage holen, sie zu Hubert zurückfahren und sie zwingen, ins Haus zu gehen. Womöglich würde er sich auf Huberts Seite schlagen. Das war mehr als wahrscheinlich.

Wäre John in diesem Moment zufällig die Eglinton Road entlanggekommen, er hätte im Gesicht seiner Mutter den grimmigen, grausamen Ausdruck gesehen, den sie beide immer mit dem Gesicht seines Vaters assoziiert hatten. Sie schien zu allem fähig. Sie schien fähig zu morden, dabei durchlitt sie nur das, was Mörder durchleiden, bevor sie zuschlagen. Sie selbst würde niemals zuschlagen. Sie fürchtete sich. Sie glaubte, es sei der Stolz, der ihre

Hand lähmte, dabei war es lediglich Furcht. Furcht und Verlangen kämpften in ihrer Seele um die Vorherrschaft, aber nicht deren Kampf gegeneinander und gegen sie beunruhigte sie, sondern ihr lebenslanger Selbstzweifel, der von der Furcht bestärkt und genährt wurde. Sie sehnte sich danach, in jemandes Nähe zu sein, aber es gab niemanden, der sie wollte. Davon war sie überzeugt. Niemand wollte sie; das war ihre einzige Gewißheit. Es war schlimm genug, daß die Leute ihr den Rücken kehrten; schlimmer aber, am schlimmsten von allem war, daß sie keinen Grund sah, weshalb die Leute ihr nicht den Rücken kehren sollten. Es überraschte sie nicht, wie ihr Leben verlaufen war. Sie saß da, verwirrt von dem Urteil, das sie, ohne es recht zu merken, über sich selbst gefällt hatte.

Sie fröstelte. Es war töricht, sich zu dieser Jahreszeit, zu dieser Nachtzeit im Freien aufzuhalten. Sie steckte die Hände in die Mantelärmel. Aber sie wollte noch nicht weitergehen. Immer wieder dachte sie, es könnte ein Wunder geschehen, und wenn sie dort, wo sie war, geduldig ausharrte, würde sie auf irgendeine Weise dorthin gelangen, wo John war. Falls sie vor Kälte oder Unterkühlung in Ohnmacht sank, würde ein Rettungswagen kommen müssen, um sie ins Hospital zu bringen, und wenn sie erst einmal dort wäre, krank im Hospital, würde man ja wohl begreifen, daß es für John höchste Zeit war, wieder nach Hause zu kommen.

Tausende Mal mußte sie schon diese Strecke gegangen, um diese Ecke gebogen sein, und neugierig sah sie sich um, denn nachts war sie fast noch nie hiergewesen. Sie blickte die Sandford Road hinunter, wo Straßenbahnen und Autos, Fahrräder und Fußgänger unablässig aneinander vorbeiströmten, und sie blickte die Eglinton Road hinunter auf all die erleuchteten Häuser –

Häuser, so weit das Auge reichte. Sie schien das Gesehene wiederzuerkennen, dachte aber nicht darüber nach, wo sie war. Sie dachte an den Ort, an dem John war, an die Stadt, in der sie aufgewachsen war, und an das Hospital, das sie nicht aufnehmen würde, und sie sah die Zukunft, die einst lichtdurchflutet vor ihr gelegen und den Himmel gespiegelt hatte und jetzt glanzlos und leer war wie die Furcht und gar nichts spiegelte.

Sie stand auf und schickte sich zum Gehen an. Als sie zu ihrer Straßenecke kam, sah sie, daß die Lampe über der Haustür brannte, auch die Diele war erhellt, und im vorderen Wohnzimmer waren sämtliche Leuchten angeschaltet. Als sie das Tor entriegelte, ging die Haustür auf, und Hubert spähte heraus. Er hielt ihr die Tür weit auf, sie trat ein, ging an ihm vorbei und legte Hut und Mantel ab. Er schloß die Tür und folgte ihr in die Küche.

»Rose, hör mir einen Moment zu«, sagte er. »Es tut mir furchtbar leid, was ich da zu dir gesagt habe. Ich weiß nicht, was in mich gefahren ist. Ich hatte kein Recht, so etwas zu sagen.«

»Es macht nichts«, antwortete sie.

»O doch, es macht was«, sagte er. »Vergeben und vergessen.«

»Ich vergebe dir, weil John es nicht anders von mir erwarten würde. John würde nicht dulden, daß ich einen Groll auf dich habe, und deshalb vergebe ich dir. Aber zurückgekommen bin ich nicht ihm zuliebe. Zurückgekommen bin ich, weil es meine Pflicht ist, hierzubleiben und dir den Haushalt zu führen.«

Sie versuchte, die Würde zu wahren, doch ihre Stimme bebte, und sie setzte wieder ihr banges Lächeln auf, aber das konnte Hubert nicht sehen, weil sie mit dem Rücken zu ihm am Herd stand und darauf wartete, daß das Wasser im Kessel kochte.

»Mach, was du willst«, höhnte er. »Vielleicht hat ja dein feiner John eines Tages eine eigene Gemeinde, dann kannst du gehen und ihm den Haushalt führen. Dann hast du ihn ganz für dich. Ganz für dich. Vielleicht bist du dann zufrieden.«

»Der Tee ist fertig«, sagte sie.

Schweigend tranken sie ihren Tee, und als Hubert ausgetrunken hatte, verließ er die Küche, und sie hörte, wie er durch die Diele ins vordere Wohnzimmer ging. Das bedeutete, daß er sich auch dort ein Feuer angezündet haben mußte. Am Morgen würde sie zwei Kamine und, wenn sie es schaffte, das hintere Wohnzimmer säubern müssen. Sie würde es sich nicht vor morgen früh anschauen. Dann wäre der Schaden deutlich zu sehen. Sie schenkte sich eine weitere Tasse Tee ein. In der Küche war es warm, und mit dem Abwasch brauchte sie sich nicht zu beeilen. Der Gedanke an ein Morgen störte sie nicht so stark, wie sie befürchtet hatte. Sie dachte über Huberts Bemerkung nach, daß sie John den Haushalt führen würde. Hinter dieser Bemerkung steckte etwas anderes. Manchmal sagten die Leute mehr, als sie sagen wollten. Sie überlegte, ob Hubert wußte, was er da gesagt hatte. Wahrscheinlich war es ein Seitenhieb gegen John, gegen die Vorstellung, daß John je eine eigene Gemeinde anvertraut werden könnte. Aber weshalb sollte John keine Gemeinde anvertraut werden? Sehr wahrscheinlich würde er früher oder später eine erhalten. Natürlich konnte es lange dauern, aber sie konnte warten. Ihre Familie mütterlicherseits war langlebig. Falls Hubert etwas zustieß, konnte sie das Haus verkaufen und von den Möbeln und den anderen Gegenständen gerade so viel behalten, daß sie Johns neues Heim gemütlich einrichten konnte. Sie würde einen neuen Bezug für seinen geliebten Sessel anfertigen und einen weiteren für das Kissen, das den rätselhaften Fleck aufwies. Sie würde ihm den Haushalt besorgen. Die ersten paar Tage würden sie sich noch fremd vorkommen, aber dann würden sie sich eingewöhnen, und es würde so sein, als wären sie nie getrennt gewesen. In seiner Gemeinde wäre sie als gottgefällige Frau bekannt, und jeder würde zu ihr aufblicken. Seine Berufung wäre ihre Berufung. Jeder würde sagen, was für eine hingebungsvolle Mutter sie sei, ein Vorbild für alle. Die Damen würden es als Privileg ansehen, mit ihr Tee zu trinken, und einige von ihnen würde sie einladen. Sie trüge nur Schwarz. John und sie würden eine Menge zu bereden haben, ihre Gespräche kein Ende finden. Jetzt erkannte sie deutlich, daß all dies sich bewahrheiten würde. Es mochte dreißig Jahre dauern, ehe John eine Gemeinde erhielt, vielleicht aber auch nicht ganz so lang. Wann immer es soweit war, sie wäre darauf vorbereitet. Stets wäre sie darauf vorbereitet, ihm zur Seite zu stehen, wann immer er ihrer bedurfte. Sie brauchte nur zu warten. Kein Zweifel, was sie voraussah, würde eintreffen, und wenn der Tag käme, würde sie die Koffer packen, das Haus verkaufen und schnurstracks zu John ziehen, und dann würden sie nur noch Rosen pflücken, die Rosen des Lebens.

Glaswände

Seit fünf Tagen hatte es nicht geregnet, und für Dublin war das ungewöhnlich, selbst im Juni. Hubert Derdon, der bei einem Herrenausstatter in der Grafton Street im Stadtzentrum arbeitete, hatte, als er morgens aus dem Haus ging, seinen Regenmantel mitgenommen, doch als der Ladenschluß nahte und er den goldenen Abend sah, spielte er mit dem Gedanken, zu Fuß nach Hause zu gehen, statt die lange Fahrt mit der Straßenbahn auf sich zu nehmen. Er war ein Gewohnheitstier. Seine Alltagsgewohnheiten hatten etwas Beruhigendes, aber es konnte ihm nicht schaden, einmal auf die Bahn zu verzichten, selbst wenn dies zur Folge hätte, daß er zu spät zum Abendessen käme. Hubert hatte sich schon lange vorgenommen, mehr zu Fuß zu gehen. Er wußte, für einen Mann in den Vierzigern verschaffte er sich nicht annähernd genug Bewegung. Aber da war dieser Regenmantel, und er mußte sich entscheiden, ob er ihn nun tragen oder ob er ihn überziehen sollte. Wenn er schon Ernst machen wollte mit dem Zufußgehen, so durfte er doch nicht in seinem Regenmantel damit anfangen. Und insgeheim hatte er etwas dagegen, die ganze körperliche Ertüchtigung auf harten Bürgersteigen zu vergeuden, ohne etwas anderes vor sich zu wissen. Ihm schwebten Bergpfade vor, dichtes Unterholz und schmale Sträßchen, die grüne Wiesen durchschnitten. Er sah sich, in einen dicken Pullover gekleidet, zügig ausschreiten, aber nicht etwa heimwärts. Während er noch so ans Gehen dachte, eilte er zur Straßenbahn und nahm seinen gewohnten Sitzplatz ein, und am Ende bog er um seine Straßenecke, ging an den Nachbarhäusern vorbei zu seiner Eingangstür und drehte um dieselbe Zeit wie immer den Schlüssel im Schloß herum.

Das Nachdenken über ausgedehnte Spaziergänge hatte ihm ein Gefühl von Tatkraft und Wohlbefinden verliehen. Er wußte sich bei bester Gesundheit, war guter Laune und zufrieden, nach getaner Arbeit nach Hause zu kommen; und als er in die Diele trat, lächelte er. In die Seitenteile der Haustür waren rote Glasscheiben eingelassen, derentwegen er die Tür stets sehr behutsam schloß. Im gleichen Moment, da er seinen Regenmantel an den Kleiderständer hängte, ließ er den Blick durch die Diele schweifen und sah, wie rasch und leise die Küchentür zufiel, aber doch nicht so rasch, daß er nicht gesehen hätte, wie Rose in der Küche verschwand. Sie hielt das Gesicht von ihm abgewandt, als sie die Tür zumachte.

Die Diele, in der Hubert stand, war schmal, nicht breiter als ein Gang, und der Fußboden war mit Linoleum ausgelegt. Am anderen Ende der Diele gab es eine Treppe zu den Schlafzimmern im ersten Stock, ein Stückchen weiter führten drei Stufen zur Küche hinunter. Obwohl es draußen noch hell war, herrschte in der Diele Dunkelheit. Die Küche war erleuchtet, das hatte er flüchtig sehen können, ehe die Tür sich schloß. Es war nur eine Sekunde gewesen und kaum mehr als ein Lichtstreif, der sich zu einem Bindfaden verengte und dann verflüchtigte. Ebensogut hätte er Rose auch gar nicht zu sehen brauchen, doch hatte er sie nun einmal gesehen, und er fragte sich, ob sie es wohl mit Absicht getan hatte – ihm die Tür so vor der Nase zuzuschlagen. Er überlegte, ob er in die Küche gehen und sie etwas fragen, ihr etwas sagen sollte, irgend etwas, aber statt dessen ging er durch die Diele ins hintere Wohnzimmer und stellte sich ans Fenster, drehte sich jedoch sogleich wieder um und starrte die Tür an. Natürlich war es zu spät.

Rose hätte die Küchentür längst öffnen und zu ihm heraufrufen müssen: »Bist du's, Hubert?« Sie mußte ihn gehört haben, als er durch die Diele ging. Das Haus war sehr hellhörig. Er lauschte, vernahm aber keinen Laut. Seltsam. Da sie Tee machte, hätte er doch wenigstens irgendein leises Geräusch hören müssen, Tassen, Untertassen oder dergleichen. Ebensogut hätte er auch allein im Haus sein können, so wenig Lebenszeichen gab es um ihn herum. Er hatte das Gefühl, allein zu sein, und wünschte, jemand säße bei ihm im Zimmer, der ihm raten könnte; denn er wollte die Aufforderung hören, geradewegs in die Küche zu gehen oder eben nicht geradewegs in die Küche zu gehen, sondern sich auf der Stelle hinzusetzen und die ganze Angelegenheit nicht weiter zu beachten.

Er wünschte, er hätte jemanden, mit dem er sich unterhalten könnte. Er wollte, daß sein plötzliches Bedürfnis, in die Küche zu gehen, durch einen Befehl zunichte gemacht würde, dem er zu gehorchen hätte. Aber niemand sprach ein solches Verbot aus, und obwohl er wußte, daß er unter keinen Umständen hinuntergehen und mit Rose reden durfte, wußte er doch auch, daß es ihm nicht verboten war, und nun war er sich nicht schlüssig, was er tun sollte. Eines jedenfalls konnte er nicht tun: sich hinsetzen. Er war zu aufgebracht, um sich hinzusetzen. Aber er zitterte, und so setzte er sich denn doch in seinen Sessel, der mit der Lehne zum Fenster am offenen Kamin stand, wo er, dicht vor der Kaminplatte, sommers wie winters stehenblieb; ihm gegenüber auf der anderen Seite des Kaminvorlegers stand Roses niedriger Sessel. Der Kaminvorleger war von einem matten, warmen Rot und an den Enden ausgefranst.

Hubert wünschte, er hätte nicht gesehen, wie die Tür sich schloß. Wäre er zu Fuß nach Hause gegangen, dann wäre er erst sehr viel später angekommen und hätte nicht gesehen, wie die Tür sich schloß. Aber wann war er je zu Fuß von der Arbeit nach Hause gegangen? Nie. Rose hatte die Tür genau in dem Augenblick geschlossen, als sie ihn mit Fug und Recht zurückerwarten durfte, und etwas in ihrer Haltung, als sie die Tür schloß, hatte ihm zu verstehen gegeben, daß sie gesehen hatte, wie er das Haus betrat. Je mehr er darüber nachdachte, desto sicherer war er, daß er sich nicht irrte. Als er vorhin einen Blick auf sie erhascht hatte, war etwas Hastiges, ja er würde sogar sagen, etwas Verstohlenes an ihr gewesen. Es sei denn, er bildete es sich ein. Aber er wußte, daß er sich nichts einbildete. Jetzt war sie unten in der Küche, überlegte, ob er wohl gesehen hatte, wie die Tür sich schloß, und fürchtete sich, und er fragte sich, was sie von ihm dachte. Sie hatte kein Recht, sich so zu benehmen. Es war unerträglich. Die ganze Angelegenheit war unerträglich.

Dann hörte er, wie die Küchentür aufging, gefolgt von Schritten auf der Treppe. Als Rose in der Türöffnung erschien, empfand Hubert eine solche Abneigung, daß er lächelte. Er merkte ihr die Verwirrung an, die sein Lächeln auslöste, und sah, daß ihre Hand sich am Türknauf festhielt, so wie Rose sich immer an irgend etwas festhielt – an einer Stuhllehne oder an ihrer anderen Hand –, bevor sie das Wort ergriff.

»Das Abendbrot steht bereit«, sagte sie.

»Ich will kein Abendbrot«, erwiderte Hubert.

»Was ist los?« fragte sie. »Wieso willst du kein Abendbrot?«

Steif stand sie da, das Gesicht gerötet. Offenkundig wußte sie, daß sie im Unrecht war.

»Ich will kein Abendbrot«, antwortete Hubert. »Ist das deutlich genug? Und eins garantiere ich dir – wenn du mir das nächste Mal eine Tür so vor der Nase zuschlägst, verlasse ich dieses Haus und komme nie mehr zurück. Das ist mein voller Ernst.«

»Hubert, ich weiß nicht, wovon du redest«, sagte sie.

Hubert erwiderte nichts.

»Soll ich dir ein Tablett heraufbringen?« fragte sie.

»Laß mich mit deinem Tablett zufrieden«, sagte Hubert. »Ich will dein Tablett nicht. Verschwinde und laß mich allein.«

Hubert sah ihr nach, bis die Tür ins Schloß fiel, dann beugte er sich vor, stützte die Ellbogen auf die Knie und musterte den roten Kaminvorleger. Leise begann er vor sich hinzusummen:

Sie ist fern dem Land, wo ihr junger Heros schläft,
Und Liebespaare seufzen um sie her,
Doch …

Er seufzte, lehnte sich in seinem Sessel zurück und verstummte. Er wünschte, er wäre seinem ursprünglichen Vorhaben gefolgt und zu Fuß nach Hause gegangen. Dann hätte er nicht gesehen, wie die Tür sich schloß. Hätte er doch bloß nicht gesehen, wie sie sich schloß – aber er hatte es nun einmal gesehen, und da er es gesehen hatte, mußte er Stellung beziehen. Teils hatte das Haus daran schuld, das viel zu klein war. Jedes Haus wäre zu klein gewesen, aber dieses hier war viel zu klein. Es gab darin keinen Winkel, in dem man sich verstecken konnte, ohne Fragen zu provozieren – jene stummen Fragen, die keine Fragen waren, sondern Vorwürfe.

Hubert konnte unmöglich ignorieren, was im Haus vor sich ging. Er wäre gern imstande gewesen, die Augen davor zu verschließen. Dann könnte er seinen Zorn im Zaum halten. Rose schämte sich nicht einmal, daß sie die Tür vor ihm geschlossen hatte; sie war lediglich erschrocken, weil er sie dabei ertappt hatte.

Er wünschte, er wäre klug genug gewesen, gleich in die Küche hinunterzugehen und sich mit ihr auszusprechen, als er die Tür zufallen sah. Er hatte das Gefühl, einen Weg zu beschreiten, der durch eine unermeßlich hohe Glaswand von einem anderen, identischen Weg getrennt war. Der Weg, dem er folgte, wimmelte von Fehlern, die er durchaus erkannte, da es stets seine eigenen waren, aber obwohl ihm jeder einzelne Fehler vertraut war, traf er ihn doch jedesmal wie ein Schlag – wegen der unterschiedlichen Zeitspannen zwischen einem Fehler und dem nächsten. Jedesmal, wenn er sich wohl fühlte und sich einbildete, alles sei in bester Ordnung, unterlief ihm auch schon der nächste Schnitzer. Der Unliebenswürdigkeit und Streitsucht in diesem Haus war offenbar nicht zu entrinnen. Und während er Fehler beging und über die eigenen Füße stolperte, konnte er die ganze Zeit über durch die Glasscheibe auf den anderen Weg schauen, der ebenfalls der seine war. Auf diesem Weg gab es keine Fehler, er tat immer nur das Richtige und tat es zur rechten Zeit, er wußte, wie man mit allem fertig wurde, und ging einher wie ein Mann, der sich und sein Leben im Griff hatte. Manchmal kam es Hubert vor, als trenne ihn lediglich eine Luftspiegelung und sonst gar nichts von jenem Ort, an dem er wüßte, wie er sein Leben zu führen hätte: in Übereinstimmung mit dessen wohlverstandenem Sinn.

In seinem Leben ergab nichts irgendeinen Sinn. Aber hatte man das erst einmal gesagt, hatte man alles gesagt. Hubert konnte schwerlich aus dem Haus gehen, zur Hauptstraße vormarschieren, irgendeinen Fremden anhalten und sagen: »Ich begreife nichts.« So handelten nur Verrückte.

Wäre er allein gewesen, wäre das Ganze ja nicht weiter schlimm; eine Ehefrau jedoch macht einen Mann erst wirklich wahrnehmbar, zumal wenn er es zu wenig gebracht hat, und in diesem Moment hatte Hubert das Gefühl, es zu überhaupt nichts gebracht zu haben. Die arme Rose, er machte ihr ja keine Vorwürfe, aber mit ihrer Anwesenheit in seinem Leben führte sie ihm vor, woran er sich versucht und was er sich erhofft hatte, und mit ihrem Verhalten führte sie ihm vor, was aus seinen Hoffnungen geworden war. Er schämte sich ihrer. Ohne sie – wer weiß, was er alles unternommen hätte. Dann wiederum wäre er womöglich unsichtbar durchs Leben gegangen, aber alles war besser, als im eigenen Haus der Lächerlichkeit preisgegeben zu sein. Alles in der Welt war besser, als sich selbst der Lächerlichkeit preiszugeben. Ihm wurde in seinem Sessel unbequem, und er war wütend. Nicht, daß sie anspruchsvoll oder verschwenderisch war. Sie verlangte nichts. Wenn der Zeitpunkt kam, ihr das wöchentliche Haushaltsgeld auszuhändigen, reagierte er nur deshalb gereizt, weil sie es immer so kleinlaut entgegennahm, und die wenigen Male, da er es versäumt hatte, erinnerte sie ihn nur zaghaft daran. Selbstverständlich ärgerte er sich hin und wieder über ihre Anmaßungen, und niemand ahnte, wie oft er an sich halten mußte, wenn sie ihn bis zur Weißglut reizte. Die Art, wie sie aß, konnte er ebensowenig ausstehen wie die Unmengen, die sie vertilgte – um einiges mehr, als er je zu sich zu nehmen geneigt war. Das Wort »Appetit« brachte ihn in Verlegenheit, und das Wissen um ihren Appetit, der so viel größer war als sein eigener, ließ sie ihm rätselhaft erscheinen, aber nicht etwa so, daß seine Anteilnahme oder seine Zuneigung geweckt worden wären. Er fand ihren Appetit beschämend und mochte gar nicht daran denken. Zwar mißgönnte er ihr das Essen nicht, aber er fand, daß sie ihm zuviel Bedeutung beimaß. Er fürchtete sich davor, sie essen zu sehen, weil er den Blick nicht von ihr abwenden konnte, und es hatte Zeiten gegeben, da sie errötet war und die Speise rasch hinuntergeschluckt hatte, wenn sie ihn dabei ertappte, wie er sie beobachtete. Sein Frühstück aß er stets allein, und sein Mittagessen nahm er in der Stadt ein, so daß er nur das Abendbrot und den Sonntagsbraten über sich ergehen lassen mußte.

Manchmal, wenn sie beim Abendbrot saßen, erzählte Hubert seiner Frau von Vorfällen, die sich tagsüber im Geschäft zugetragen hatten. Diese Anekdoten handelten zumeist von den Kunden, und die Pointe, auf die sie hinausliefen, galt der Verwirrung der Kunden, die Hubert komisch fand, oder der Ahnungslosigkeit der Kunden, die Hubert ebenfalls komisch fand. Einige der Männer, die den Laden betraten, waren so beschränkt, daß sie nicht einmal merkten, wie lächerlich sie sich machten oder wie sehr sie ausgelacht wurden, sobald sie das Geschäft verlassen hatten. Dies waren die Männer, die zu groß oder zu klein, zu dick oder zu dünn waren für die Muster, die sie bevorzugten, oder für den Schnitt und die Paßform, für die sie sich entschieden. Hubert verhöhnte die beschränkten Kunden nicht deshalb, weil sie lächerlich wirkten, sondern weil sie nicht zu ahnen schienen, wie lächerlich sie waren. Einem Mann, der wie ein Kasper aussah, konnte Hubert verzeihen, solange er herumkasperte und bewies, daß er Spaß verstand und über sich selbst lachen konnte, doch bei Leuten, die glaubten oder zu glauben vorgaben, daß sie aussahen wie alle anderen auch, kannte er kein Erbarmen. Außerhalb der Geschäftszeiten konnte Hubert auf die Unzulänglichkeiten von Leuten aufmerksam machen und so ihren Sinn für Humor auf die Probe stellen, bei der Arbeit jedoch mußte er sich beherrschen, und es machte ihn fast wahnsinnig, zu sehen, wie all diese Kerle, die sich da in Positur warfen, ungeschoren davonkamen, ohne zu ahnen, daß sie von einem Mann beobachtet worden waren, der einen scharfen und humorvollen Blick hatte und über die große

Begabung verfügte, Leute, die sich überschätzten, auf Normalmaß zu stutzen.

Hubert hatte gehört, wie Rose in die Küche zurückkehrte, aber nicht, wie die Tür ins Schloß fiel, obwohl er überzeugt war, daß sie sie geschlossen hatte. Nun drang kein Lebenszeichen aus der Küche. »Soll mir recht sein«, sagte Hubert, »soll sie doch machen, was sie will.« Aber er konnte nicht für immer in seinem Sessel sitzen bleiben und nichts tun. Er konnte sich nicht konzentrieren. Er konnte nicht lesen. Er wollte nicht lesen. Er wollte überhaupt nichts tun. Er hatte beschlossen, ihr nicht nachzugeben. Früher oder später mußte einer von ihnen sich von der Stelle rühren; indes fand Hubert, daß ihm die Entscheidung aus den Händen genommen war, daß es jetzt an Rose war, den entscheidenden Schritt zu tun. Als er nach Hause gekommen war und gesehen hatte, wie sie die Tür vor ihm zumachte, hatte er die Wahl gehabt, entweder in die Küche hinunterzugehen oder nicht in die Küche hinunterzugehen. Jetzt war ihm diese Wahl genommen. Statt eine Wahl zu treffen, hatte er seine Autorität geltend gemacht, und jedes Signal, das er jetzt aussandte, würde bedeuten, daß er klein beigab. Irgendwann würde sie aus der Küche kommen müssen. Sie würde hinausgehen wollen, um sich ein letztes Mal in ihrem Garten umzuschauen. Dann wäre es Schlafenszeit. Es kam nur darauf an, so lange zu warten, bis die normale Haushaltsroutine ihn aus der Ecke hervorspülte, in die er genötigt worden war. In hundert Jahren wäre es einerlei, aber Hubert wußte, solange er lebte, würde er nie begreifen, weshalb Rose die Tür vor ihm geschlossen hatte. Er überlegte nicht mehr, weswegen sie die Tür geschlossen hatte, er wünschte nur, er hätte sie nicht zufallen sehen.

Das Fenster hinter ihm war ein großes rechteckiges, fast quadratisches Schiebefenster, das auf die Mauer am Ende des Gartens blickte. Auf der anderen Seite der Mauer lagen die Plätze des Tennisklubs. Für Hubert und Rose zählten die Mitglieder des Tennisklubs zur lebenslustigen Schickeria, und Hubert nannte sie eine nichtswürdige Bagage. An Samstagabenden klang aus dem großen Anbau des Klubhauses Tanzmusik herüber. Die Mitglieder nannten den neuen Anbau »Pavillon«. Die Tanzmusik störte Hubert, und obwohl Rose früher gern getanzt hatte, erhob sie nie Einspruch, wenn er aufstand und das Fenster schloß, damit sie wenigstens im Haus ihre liebe Ruhe hätten. Der Eingang zum Klub befand sich an der Hauptstraße, die an dem Ende der Zeile kleiner Häuser vorbeiführte, in dem die Derdons wohnten. Auf einer Seite stieß das Klubgrundstück an die lange rückwärtige Mauer, die die sechsundzwanzig Gärten im Besitz der Derdons und ihrer Nachbarn verband. Das andere Ende der Klubanlagen wurde von einem Wäldchen begrenzt. Wäre Hubert ans Fenster getreten, so hätte er die Baumwipfel hinter den Tennisplätzen erblickt, und hinter den Bäumen, auf ihn einstürmend, den Himmel. Aber er rührte sich nicht. Er saß da und lauschte. Das Fenster stand oben einen Spaltbreit offen, und er konnte die zänkische Alte von nebenan hören, die ihre Tochter beschimpfte; diese war in mittleren Jahren, unverheiratet und lebte mit ihrer Mutter zusammen, kochte und führte ihr den Haushalt und linderte ihre gelegentlichen rebellischen Wutanfälle mit geräuschvollen Weinkrämpfen, die man bis in die Küche und ins hintere Wohnzimmer der Derdons hören konnte. Der Nachbargarten war eine Wildnis aus Efeu, Brennesseln und vernachlässigten Kohlköpfen. Es war ein erbarmungswürdiger Haushalt. Hubert hoffte, daß die unglückliche Tochter an diesem Abend keinen

Weinkrampf bekäme, und er wünschte, die beiden Frauen würden in eine Irrenanstalt eingewiesen, und nebenan würde ein lediger Mann einziehen, der nie zu Hause wäre. Er lauschte auf die dünne, grausame Stimme der Alten und meinte, das hysterische Schweigen ihrer Tochter zu hören. Von den Tennisplätzen vernahm er undeutlich Stimmen, und er hörte den großen Collie der Donovans, der mitleiderregend winselte und an seiner Kette zerrte. Sie fesselte ihn an die beengte Hütte, in der er von klein auf hauste. Die Donovans hielten den Hund zum Schutz vor Einbrechern. Hubert wünschte, ein Einbrecher würde über die rückwärtige Mauer klettern und den Hund befreien, der sogleich ins Haus springen und Tim Donovan, seine Frau und ihre drei unverschämten Gören zerfleischen und vielleicht zum ersten Mal in seinem Leben genügend zu fressen haben würde.

Er hörte mehr, als er verkraften konnte. Das hintere Wohnzimmer begann sich mit einem Leben zu füllen, das er verachtete, und mit Menschen, die er verabscheute, doch wußte er sich nicht zur Wehr zu setzen. Er hätte das Fenster schließen können, aber er war überzeugt, daß Rose, sobald er mit hocherhobenen Armen dastünde, um das Fenster zuzuschieben, die Küchentür öffnen und in den Garten hinaustreten würde, und er wollte sie nicht sehen. Er wollte sie nicht sehen, weil sie ihm gleichgültig war. Das war der erste wahre Satz, den er seit langem laut gedacht hatte, und er war froh, daß er endlich heraus war. Sie war ihm schlichtweg gleichgültig. Sie war ihm vollkommen einerlei, und er konnte nicht verstehen, wieso er das nicht schon vor langer Zeit gemerkt hatte. Die Vorstellung, sie zu sehen, sich mit ihr unterhalten und weiter mit ihr in demselben Haus leben zu müssen, war ihm unerträglich. Er konnte nicht an sie denken, ohne die zitternde Unaufrichtigkeit ihrer Miene vor sich zu sehen, und er fragte sich, ob der Versuch, sie direkt anzusprechen, die Mühe jemals wieder lohnen würde. Was für einen Zweck hatte es, mit ihr zu reden? Nie sagte sie »ja« oder »nein«. Immer nur hieß es »ganz, wie du willst«, »meinethalben« oder »vielleicht, wenn du möchtest«. Und dann die stumme Resignation, die auf seine Entscheidung folgte – die natürlich nie die erwünschte war, auch wenn keine zehn Pferde sie dazu gebracht hätten, sich ihr zu widersetzen.

Nein, er würde gar nicht erst versuchen, mit ihr zu reden. Es war der Mühe nicht wert und würde sie nur unnütz quälen. Dennoch, obwohl Hubert fand, daß Rose keinerlei Bedeutung hatte, wußte er doch, daß sie besser war als viele andere Menschen – besser als die beiden Frauen nebenan, besser als die Donovans und besser als die laute, nichtsnutzige Bagage im Tennisklub. Er wußte, daß sie wehrlos war, und spürte, daß seine Gleichgültigkeit sie bloßstellte, auch wenn sie nichts davon ahnte, und er bedauerte sie, weil sie auf ihre Weise ihr Bestes tat und niemand sich auch nur das geringste aus ihr machte. Wirklich, sie war ein aussichtsloser Fall, und es war gut, daß nur er es wußte. Es wäre entsetzlich für Rose, wenn auch der Rest der Welt wüßte, was er von ihr wußte. Es war kein Zufall, daß sie stets hinter ihm zurückgeblieben war. Sie hatte keinen Verstand. Sie konnte nicht auf sich aufpassen. So war sie schon immer gewesen.

Rose war nicht immer so gewesen; inzwischen gab es jedoch niemanden mehr, der hätte sagen können, was sie gewesen war, oder der sie so sah, wie sie früher gesehen worden war. Dann und wann dachte sie an ihren Vater, der starb, als sie zehn Jahre alt war. Wenn sie sich an ihn erinnerte, wenn sie versuchte, sich seine Stimme ins Gedächtnis zu rufen, glich sie mehr denn je einem Vogel, der merkt, daß er auf dem Boden dahintrippelt, statt sich in die Lüfte aufzuschwingen. Sie schaute sich um und wunderte sich. Sie war zahm, der Ort jedoch befremdlich. Wie immer sie gewesen sein mochte, voller Lachen, ernst, hoffnungsfroh, schwermütig, gelassen, unruhig, ehrgeizig, oder was immer aus ihr hätte werden können – jetzt war sie nur noch zahm. Sie war zahm geworden, als ihr Vater starb, so wie sie zur Verräterin an einer Sache geworden sein mochte, für die sie einstmals bereitwillig ihr Leben gegeben hätte. Zwar war sie sich bewußt, daß ihr Vater tot war, nicht jedoch, daß er für immer fort war, und selbst als ihr allmählich dämmerte, daß er für immer fort war, weigerte sie sich zu glauben, daß sie ihn ganz aus den Augen verloren hatte, und investierte all ihre Lebenskraft in die Anstrengung, ihn so lange im Blick zu behalten, bis sie überzeugt war, daß er sich in Sicherheit befand. Alles, womit sie vertraut war, hatte sie in dem Bemühen vergessen, zu dem einen Menschen zu stehen, der sie damit vertraut gemacht hatte. Sie wußte, er erwartete es von ihr. Schließlich hatte er gesagt, sie sei treu. Nie werde sie jemanden im Stich lassen. Immer wieder hatte er gesagt, sie sei ein braves Kind und kenne keine Schlechtigkeit. Ihrer Mutter gegenüber hatte er sie stets in Schutz genommen.

Roses Vater hatte große Stücke auf sie gehalten und ihr und jedem, der es hören wollte, erklärt, sie sei ein ungewöhnliches Kind, das alles tun könne, was es sich vornehme. Als sie einmal in der Küche umhergetanzt war, hatte er gesagt: »Nächstens wird Rose uns noch vorführen, wie die Vögel fliegen.« Ihre Gespräche fanden kein Ende, und in allem waren sie der gleichen Ansicht. Als sie nach seinem Tod versuchte, sich seiner zu erinnern, stellte sie fest, daß sie ihn in ihr Gedächtnis aufgenommen hatte, und wenn sie ihre Mutter und die Nachbarinnen von ihm reden hörte, stand er ihr so klar vor Augen, daß sie nur über ihre Köpfe hinwegzublicken brauchte, und schon konnte sie ihn sehen – nicht wie er gewesen war, sondern wie er jetzt war, wie er hoch über ihren Köpfen auf sie herablächelte und sich die Nettigkeiten anhörte, die sie über ihn sagten, auch wenn keine von ihnen eine sonderlich hohe Meinung von ihm gehabt hatte, als er noch lebte. Sie alle waren ihr verhaßt, doch je verhaßter sie ihr waren, desto mehr fürchtete sie sich vor ihnen, da sie wußte: Wenn sie ihre Träume erst einmal durchschauten, würden sie sie auslachen und »Miss Wichtigtuerin« nennen. Ihre Mutter hatte immer behauptet, sie sei wirklichkeitsfremd und zu sehr von sich eingenommen.

Rose war überzeugt, ein braves Kind zu sein, lernte jedoch nie, daß dazu mehr gehörte, als nur zu tun, was einem aufgetragen wurde. Sie wußte nicht, woran sie war. Sie wollte gesagt bekommen, was sie zu tun hatte, und wenn es ihr nicht gesagt wurde, befürchtete sie, etwas Unrechtes getan zu haben. Nie hatte sie vermocht, sich mit der Welt zu deren Bedingungen auseinanderzusetzen – sie war ihr einfach nicht gewachsen. Sie selbst stellte keine Bedingungen und hatte auch nie versucht, welche zu stellen. Sie hatte nicht gewußt, daß sie die Macht besaß, Bedingungen zu stellen. Sie fand die Welt schwierig, denn obgleich sie ahnte, daß das Leben kostbar ist und Tag und Nacht gehütet werden muß, wenn es uns nicht ohne jede Vorwarnung entgleiten soll, so wußte sie doch auch, daß das Leben auf lange Sicht überhaupt keinen Wert besitzt – da es uns ohne jede Vorwarnung entgleiten wird. Zwischen diesen beiden scharfen Kanten schlug sie sich durch, so gut sie konnte. Als Hubert sie kennenlernte, dachte er, wie leicht und doch bestimmt ihr Gang war und daß ihre Miene entschlossen wirkte. Aber eines verstand er nie: daß der Mut, den sie bewies, nicht etwa natürlicher Hoffnung, natürlicher Zuversicht oder irgendeiner anderen, von Unwissen zeugenden natürlichen

Quelle entsprang, sondern ihrer Entschlossenheit, sich nicht den beiden Arten von Wahnsinn zu überlassen, die sie leiteten, die sich allzu dicht an sie herandrängten und ihren Lebensweg zu einem dünnen Strich verengten. Stets bewegte sie sich in einer geraden Linie. Von dem Ort, wo sie sich befand, bewegte sie sich zu dem Ort, wo sie hinwollte, und dann wieder zurück zu dem Ort, wo sie sich befunden hatte. Sie hielt sich eng ans Haus. Sie empfand gerade so viel Freiheit, als sei sie in einem Netz gefangen.

In der ersten Zeit ihrer Ehe bewohnten Hubert und Rose zwei Zimmer im obersten Geschoß eines Hauses in der Somerville Street am Stephen's Green. Gemeinsam betraten sie es zum ersten Mal am Abend ihres Hochzeitstages. Dieser bot zugleich den Anlaß zu Roses erster Fahrt mit der Eisenbahn – von Wexford, wo sie geboren und aufgewachsen war, nach Dublin. Ein Freund von Hubert namens Frank Guiney holte die beiden am Bahnhof ab, um sie zu begrüßen und ihnen beim Pakete- und Koffertragen zu helfen. Rose hatte einen Korb mit Lebensmitteln dabei, den ihre Mutter in letzter Minute für sie gepackt hatte. Das war alles, was sie trug; Hubert und Frank dagegen schleppten sich ab. Als sie im obersten Stock des hohen Gebäudes ankamen, waren sie vom langen Treppensteigen ganz außer Atem. Hubert ließ seine Last auf das Treppenpodest sinken und stützte sich mit der Hand gegen die Mauer, bis er wieder Luft geschöpft hatte.

»Wieso bist du stehengeblieben?« fragte ihn Frank. »In fünf Minuten wären wir im Himmel gewesen.«

Rose fand Frank sehr lustig. Frank hatte ihnen die Zimmer besorgt und Hubert am Bahnhof den Schlüssel überreicht. Rose hatte Hubert dabei zugesehen, wie er den Schlüssel achtsam in die

Westentasche steckte, und jetzt sah sie ihm dabei zu, wie er ihn wieder herausfischte. Er war sehr befangen; in seinem Eifer, die Tür aufzusperren, stolperte er über einen der Koffer, die er abgestellt hatte, und wäre beinahe noch vor Rose durch die Tür gefallen, aber Frank packte ihn und hielt ihn zurück, und so trat Rose als erste ein.

»Ladies first!« rief Frank so laut, daß er beinahe die gesamte Nachbarschaft aufgeweckt hätte. Sie mußten alle lachen. Rose stellte ihren Korb auf den wackligen runden Tisch, der mitten im Zimmer stand, dann blieb sie stehen und sah sich um, während Hubert und Frank das Gepäck hereinbrachten. Der dünne Teppichboden unter ihren Füßen war ausgebleicht und so verschlissen, daß er dieselbe Strohfarbe hatte wie ihr Korb. Nur noch vereinzelte Spuren von Rot und Rosa verrieten, wie leuchtend bunt er einst gewesen war. Als alles hereingetragen worden war, produzierte sich Frank, indem er versuchte, Hubert hochzuheben und umherzutragen.

»Das ist ja ein ganz bemerkenswertes Paket, Madam«, sagte er zu Rose, während Hubert herumzappelte. »Es leidet unter Größenwahn. Es glaubt, lebendig zu sein.«

Rose hatte in ihrem ganzen Leben noch nicht so gelacht. Sie sah, daß Hubert bewundernd zu ihr herüberblickte, und sie wußte, daß die beiden ihr zuliebe herumalberten. Dann wurde Frank plötzlich ernst, holte seine Uhr aus der Tasche, betrachtete sie und sagte, er habe einen wichtigen Termin, es gehe um Leben und Tod, und er komme jetzt schon zwei Tage und zehn Minuten zu spät. Während er noch redete, trat er vor die Tür und zog sie hinter sich zu. Huberts Einladung, doch noch einen Augenblick zu bleiben, schlug er aus. Dann verschwand er, und sie hörten ihn die Treppe hinunterpoltern. Rose sah Hubert an.

»Frank ist ein Pfundskerl«, sagte Hubert, »aber ich bin froh, daß er weg ist. Du etwa nicht? Bist du nicht froh, Rose?«

»Doch«, antwortete Rose, dann wandte sie sich um und trat rasch ans Fenster, ein kleines, quadratisches Fenster, das über die Somerville Street auf die Hausdächer dahinter blickte.

»Ein schöner Himmel«, sagte sie.

»Setz doch den ollen Hut ab«, sagte Hubert. »Du bist jetzt zu Hause.«

Während sie hinaussah, hatte sie die dünnen grünen Stores gelüftet, die die Fenster bedeckten, und als sie die Arme hob, um die Nadeln aus ihrem Hut zu ziehen, fielen die Vorhänge wieder herab, und sie sah, daß sie von unterschiedlicher Länge waren.

»Sieh mal, einer der beiden ist zu lang«, sagte sie. »Ich werde sie angleichen müssen.«

Sie nahm die Hände von ihrem Hut, hob die Vorhänge und trat zurück, um sie an den Säumen gegeneinanderzuhalten.

»Ungefähr drei Zentimeter«, sagte sie. »Das wird gehen.«

Sie ließ die Vorhänge los, und als sie herabfielen, stieß sie einen befriedigten Seufzer aus, so als hätten sie eine Prüfung bestanden und dem ganzen Haus zum Sieg verholfen, und als wüßte sie jetzt, daß Vorhänge, Wände und die lange Treppe für immer fest blieben, reale Gewichte, die sie verankerten, so daß sie sich niemals verirren würde, da sie dort, wo sie hingehörte, sicheren Halt fand. Sie drehte sich zu Hubert um und lächelte ihn an. Dann fiel ihr wieder ihr Hut ein, sie hob die Hände und suchte erneut nach den Nadeln.

»Die Vorhänge nehme ich mir morgen vor«, sagte sie.

»Grüne Vorhänge für deine grünen Augen«, erwiderte Hubert, aber er wußte, daß der Vergleich hinkte, denn die Vorhänge waren von einem schreienden Grün, Roses Augen dagegen meerfarben.

Wenn Rose schlief, schien ihr Gesicht ganz selbstversunken, und wenn sie wach war, sah sie einsam aus. Ihre Selbstversunkenheit hatte etwas Unnachgiebiges, Stolzes, ihre Einsamkeit hingegen wirkte hilflos. Ihre Selbstversunkenheit konnte Hubert nicht durchdringen und ihre Einsamkeit nicht überwinden. Er mußte ans Meer denken und wußte nicht, warum. Wenn sie plötzlich erwachte und sich im Bett herumdrehte, leuchtete in ihren Augen einen Moment lang jene unnachgiebige Selbstversunkenheit auf, ehe die Einsamkeit sie wieder verschattete. Hubert wunderte sich über sie. Er konnte nicht begreifen, weshalb sie ihn geheiratet hatte, aber ebensowenig konnte er begreifen, wie sie hatte leben können, bevor sie ihn geheiratet hatte.

»Wie bist du je zurechtgekommen, bevor du mich kennengelernt hast?« fragte er sie.

»Ich weiß nicht«, antwortete sie. »Ich kann mich nicht erinnern.«

Stets lächelte sie ihn an. Sie hörte nur auf zu lächeln, um neuerdings lächeln zu können.

Eines Abends nach dem Essen fragte er sie, ob sie seine Socken gestopft habe. Sie saßen noch am Tisch – an dem wackligen runden Tisch in dem Zimmer mit den grünen Stores. Sie waren auf den Tag genau zwei Monate verheiratet, und um diesen Anlaß zu feiern, hatte Rose ein Stück dunklen englischen Kuchen gekauft. Sie hatte den Kuchen in schmale Streifen geschnitten, und sie hatten ihn bis auf ein kleines Stück, das zwischen ihnen auf dem Teller lag, aufgegessen. Hubert wußte, daß sie das Stück gern gehabt hätte, daß sie es aber auch ihm gönnte. Er hatte vor, es ihr abzutreten, wollte sie jedoch necken. Als er sich nach den Socken erkundigte, grinste er. Er fand es immer noch absurd, daß Rose seine Stopfarbeiten übernahm. Rose hatte die Ellbogen auf den

Tisch gestützt, betrachtete ihre Hände und bewunderte die Hand, an der sie ihren Ehering trug. Als sie seine Frage hörte, schaute sie ihn erstaunt an, so als habe er mit Vorbedacht etwas von sich gegeben, von dem er wissen mußte, daß es ihr weh tat.

»Ich habe es vergessen«, antwortete sie. »Ich habe vergessen, deine Socken zu stopfen. Das sieht mir ähnlich, die eine Sache zu vergessen, um die du mich gebeten hast.«

»Es ist nicht so wichtig«, meinte Hubert.

Zwar lächelte er noch, aber er war gekränkt. Sie blickte ihn an, als sei er zum Ebenbild ihrer Mutter geworden, die sie bei einem Fehler ertappte und dann schikanierte.

»Es macht nichts«, wiederholte er ungeduldig. »Hier, nimm doch das schöne Stück Kuchen.«

»Jetzt mag ich es nicht«, sagte sie, und dieses »Jetzt« gab ihm zu verstehen, daß er alles verdorben hatte.

»Dann eben nicht«, sagte er, nahm das Stück Kuchen und stopfte es sich selbst in den Mund, dann stand er auf und trat ans Fenster.

Er schob die grünen Stores auseinander und blickte hinaus. Er sah die Schornsteine der Häuser auf der anderen Straßenseite und den graugestreiften Himmel darüber. Den ganzen Tag über hatte es immer wieder geregnet. Als Hubert hinaussah, setzte ein neuerlicher Schauer ein, und die Regentropfen trommelten heftig gegen das Fenster. Obwohl die Fenster geschlossen waren, spürte er, wie ihn ein Frösteln ankam. Rose saß immer noch am Tisch, so wie er sie verlassen hatte. Er schämte sich. Hätte er sie in Frieden gelassen, hätte sie den Kuchen gegessen und wäre glücklicher gewesen. Er sehnte sich danach, sie zu trösten, aber der Kuchen war nun einmal aufgegessen, und ein anderes Versöhnungsgeschenk fiel ihm nicht ein. Er wünschte, er hätte gewußt, was er ihr sagen sollte. Er hoffte, sie würde bald aufstehen und den Tisch abräumen, denn ehe sie nicht irgendein Zeichen gab, durfte er sich nicht vom Fenster lösen, und er war es leid, dort zu stehen, auf den Regen hinauszublicken und sich Vorwürfe zu machen. Dann drehte er sich, ohne es gewollt zu haben, um, und sie saß mit hängendem Kopf da, die Hände im Schoß.

Sie sah ihn kläglich an und sagte: »Es tut mir leid, Hubert.«

Sanft antwortete er: »Es gibt nichts auf der Welt, das dir leid tun müßte.«

Sie ließ sich nicht anmerken, ob sie ihn gehört hatte, schaute ihn aber weiterhin an. Er spürte, sie wartete darauf, daß er ihr sagte, was sie tun solle, und daß sie tun würde, was immer er sagte. Ihre Hilflosigkeit verwirrte ihn. Er spürte, mit ihr konnte er fertig werden – schließlich war sie Rose, er kannte sie, sie war seine Frau –, aber nicht mit ihrer Hilflosigkeit. Hätte er es in Worte fassen sollen, vielleicht hätte er gesagt: »Ich habe Rose geheiratet, nicht ihre Hilflosigkeit«, so wie andere Männer sagen mochten: »Ich habe sie geheiratet, nicht ihre Familie.« Wenn ihre Mutter dabei war, hatte Hubert die Niederlage in Roses Gesicht gesehen, aber dafür gab es jetzt keine Veranlassung mehr, und er wußte, daß es nicht ratsam war, sie in ihren Launen zu bestärken. Es wäre schlimm für sie. Ihre Mutter hatte ihn gewarnt, daß Rose dazu neigte, über Nichtigkeiten nachzugrübeln. Es komme darauf an, sie nicht ernst zu nehmen und gar nicht erst zuzugeben, daß etwas nicht in Ordnung sei. Alles *war* in bester Ordnung. Hubert wußte, daß man Rose, wenn sie in dieser Stimmung war, nicht trösten oder verzärteln durfte, sondern daß man sie zerstreuen mußte, und statt sie zu umarmen, wonach ihm eigentlich zumute war, sagte er: »Der Schauer wird in einer Minute abgezogen sein. Warum vergessen wir das Ganze nicht, machen einen kleinen

Spaziergang und unterhalten uns über das schöne Haus, das wir demnächst ganz für uns haben werden?«

Das Haus, das sie fanden, war das Haus, in dem sie jetzt lebten. Das Linoleum auf dem Fußboden im hinteren Wohnzimmer, in dem Hubert saß, war schon bei ihrem Einzug dagewesen und ihnen gesondert berechnet worden. Vor dem Einzug waren sie eines Tages von der Somerville Street aus mit der Straßenbahn zu dem Haus hinausgefahren und in den leeren Zimmern umhergelaufen, in denen sie bald wohnen würden. Hubert reichte der eine Rundgang durchs Haus, Rose jedoch sträubte sich dagegen, schon wieder zu gehen, und so hatte er sich, mit dem Rücken zur Wand, im hinteren Wohnzimmer unter das Fenster auf den Fußboden gesetzt und sie aufgefordert, sich nach Herzenslust umzutun.

Er machte sich Sorgen, aber jetzt standen sie vor vollendeten Tatsachen – das Haus gehörte ihnen. Er lauschte, wie Rose oben umherging. Im hinteren Schlafzimmer gab es Linoleum, im vorderen nicht. Sie lief über die nackten Dielenbretter des vorderen Schlafzimmers, dann hielt sie inne. Sie stand oben am Fenster, blickte hinaus und wunderte sich über die Nachbarn. Jetzt kam sie zurück und die Treppe herunter. Der schmale rote Treppenläufer dämpfte ihre Schritte, langsam stieg sie herab und achtete darauf, sich in der Mitte der Stufen zu halten. Sie ging weiter zur Küche. Der Küchenfußboden war mit roten Fliesen belegt. Nach einer Minute kam sie aus der Küche und in das hintere Wohnzimmer, das sie damals Eßzimmer nannten.

»Ich schau mich liebend gerne so um«, sagte sie. »Ich werde dieses Haus nie satt haben. Ich frage mich, was sie veranlaßt hat, diese Farben zu wählen.«

Sie blickte auf das beige, hellbraune und kastanienfarbene Linoleum, das mit großen und kleinen Federn gemustert war.

»Es ist in einem sehr guten Zustand«, sagte Hubert düster. »Ich fürchte, wir werden uns daran gewöhnen müssen.«

»Ach, es ist ja nicht so, daß es mir nicht *gefällt*«, sagte Rose.

Neugierig betrachtete sie das Linoleum, das andere Menschen bewundert und gepflegt hatten. Wenn es nicht bereits im Haus gewesen wäre, hätte es ihr nie gehört. Es war wie ein aus dem Ausland mitgebrachtes Geschenk. Sie selbst hätte dieses Muster oder diese Farben nie gewählt. Sie stammten aus der Fremde, aus dem Leben anderer Menschen – Souvenirs aus einem Land, das ihr unbekannt war oder in dem sie sich nicht aufhalten wollte, weil ihr dort bange und unbehaglich zumute wäre und nichts dort ihr jemals so wirklich vorkommen würde wie das Linoleum unter ihren Füßen, das ihnen hinterlassen worden war. Besitzergreifend lief sie darauf herum.

»Ich will dieses Haus niemals verlassen«, sagte sie.

Hubert stand auf und ging zur Tür. Sein Entschluß stand fest. Er würde nach oben gehen, sich wie immer die Hände waschen, die Anzugjacke wie gewöhnlich gegen seine wollene Strickjacke tauschen und danach herunterkommen und die Dinge ihren Lauf nehmen lassen. Sein Entschluß stand fest, doch selbst jetzt noch zauderte er, bevor er die Tür öffnete. Aber sobald die Tür offenstand, schoß er wie der Blitz die Treppe hinauf und ins Badezimmer, wo er sich energisch die Hände schrubbte und sein Gesicht mit kaltem Wasser bespritzte. Schon fühlte er sich besser, weil er wußte, daß er das Richtige tat. Das Ganze war aberwitzig; viel besser war es, offen miteinander zu reden. Jetzt würde er geradewegs in die Küche gehen und sich mit Rose aussprechen. Ihre gedrückte Stimmung würde er durch Lachen verscheuchen. Es kam lediglich darauf an, die richtigen Worte zu finden. Er würde sie dazu bringen, über sich selbst zu lachen und zu erkennen, wie unsinnig diese ganze Streiterei war. Er hastete die Treppe hinunter und die drei Stufen hinab, die von der Diele in die Küche führten, als überbringe er ihr eine Nachricht, die nicht länger warten konnte, eine gute Nachricht, die beste Nachricht, doch an der Küchentür zögerte er, und als sich drinnen nichts regte, obwohl sie doch gehört haben mußte, wie er die Treppe heruntergestürzt war, trommelte er wie ein Briefträger laut gegen die Tür und platzte hinein. Der Raum war leer. Die Tür zum Garten stand offen. Sie war hinausgegangen, und er konnte ihr nicht folgen. Sämtliche Nachbarn würden aus den hinteren Fenstern schauen, und jeder, der sich zufällig in den angrenzenden Gärten aufhielt, könnte jedes Wort verstehen, das er äußerte.

Er blickte zum Herd, um zu sehen, ob sie zufällig die Teekanne hatte stehenlassen, aber die Herdplatte war ebenso abgeräumt wie der Tisch und das Abtropfbrett neben der Spüle. Die Küche war blitzblank. Sie hatte ihre Hausarbeit beendet. Dann gab es also nichts zu essen.

Er ging wieder zum Wohnzimmer und trat ein. Dort, auf dem Eßtisch, der sonst zusammengeklappt an der Wand gegenüber dem Kamin stand, hatte sie ihm ein Tablett hingestellt. Er ging darauf zu und sah es sich an. Dunkles Brot und eine Scheibe Schinken. Sie hatte sich die Mühe gemacht, die Butter zu geriffelten Kugeln zu formen. Eine Tomate. Drei Schokoladenkekse. Hinter dem Kamingitter stand die Teekanne mit dem übergestülpten Wärmer. Er eilte zu ihr hin, zog den Wärmer ab, trug sie zum Tisch, schenkte sich zitternd Tee in seine Tasse und stellte die Kanne wieder auf die Kaminplatte. Sie war zu heiß, um sie auf dem Tisch abzusetzen. Hubert goß Milch in seinen Tee und trank ihn hastig aus. Sofort wollte er noch eine Tasse, doch diesmal trug er sie zum Kamin hinüber und füllte sie dort nach. Dann setzte er sich an den Tisch und aß sich durch alles, was auf dem Tablett stand. Als alles aufgezehrt war, fühlte er sich wohler, auch wenn er fand, daß er auf den dritten Schokoladenkeks getrost hätte verzichten können. Er hatte Hunger gehabt, das war alles. Heißhunger. Er hätte nichts dagegen einzuwenden gehabt, sein Abendbrot jeden Tag auf diese Weise serviert zu bekommen. Er saß da, starrte auf das geplünderte Tablett und dachte, daß sie es ins Zimmer geschmuggelt haben mußte, während er oben war. Wie geschickt von ihr. Sie wollte, daß er sein Abendbrot aß, aber sie wollte ihm nicht gegenübertreten. Mit dem Tablett hatte sie sich große Mühe gegeben.

Er stand auf und ging ans Fenster. Da war sie und kniete, mit der Seite zu ihm, vor der Blumenrabatte, die an der Mauer entlang verlief, dort wo der Goldregen stand. Der Goldregen hatte schon dagestanden, als sie eingezogen waren, zusammen mit einer gelben Rose am anderen Ende des Gartens. Abgesehen von dem Goldregen und der Rose war sonst nichts gepflanzt worden. Bei der ersten Besichtigung war der Garten eine Wildnis gewesen, aber Rose hatte sogleich erkannt, daß sich etwas Schönes daraus machen ließ. Ihre Gartenarbeit war wundervoll. Hubert wußte nicht, woher ihre Kenntnisse über Blumen stammten. Jetzt kniete sie dort draußen und setzte eine kleine Pflanze in das für sie bestimmte Beet. Sie wollte die Pflanze genau an der richtigen Stelle einsetzen und war in ihrer Arbeit so achtsam, als halte sie die Zukunft der Welt in ihren Händen und müsse sie ein für allemal ins rechte Lot bringen, weil es – zumindest für Rose – keine zweite Chance gab, um zu beweisen, daß alles, alles gut ausgehen würde, sofern man es nur ihr überließ. Diesen einen Augenblick lang war das Gewicht der Welt von ihren Schultern genommen und in ihre Hände gelegt worden.

Sie war fertig, hockte sich auf die Fersen und rieb die geöffneten Handflächen gegeneinander, um die Erdkrumen abzuschütteln. Dann legte sie die Hand um den Griff der Gießkanne und stand unbeholfen auf. Hubert wandte den Blick ab und betrachtete seine eigenen Hände. Er brauchte ihr nicht zuzusehen, brauchte nicht zu wissen, wie sie sich aufrichtete. Schließlich hatte er oft genug mitangesehen, wie sie sich aufrichtete, wenn sie den Kamin gesäubert hatte: indem sie sich mit der Hand auf den Rand des Kohlenkastens stützte. Als er wieder hinausblickte, stand sie mit dem Rücken zu ihm und schaute sich um, als wolle sie die Wirkung irgendeiner Verschönerung abschätzen, die sie im Sinn hatte. Sie hob eine Hand ans Haar, um eine lose Strähne im Nacken in den dichten Knoten zu stecken, den sie trug. Sie hatte eine weiße Bluse mit weiten Ärmeln an, und als der Ärmel herabrutschte, schimmerte ihr erhobener Arm. Hubert sah ihr Handgelenk und ihren Ellbogen, und in diesem Stück von ihr erblickte er die ganze Rose, so wie die Mondsichel jedem, der ihn je auf der Höhe seiner Kraft gesehen hat, den Vollmond in Erinnerung ruft. Dann bückte sich Rose, hob mit beiden Händen die schwere Gießkanne an und bewegte sich langsam von ihm fort auf die rückwärtige Mauer zu, wobei sie im Gehen die Pflanzen wässerte.

Der Tag war nahezu ermattet. Das Licht war fahl – ein abnehmendes Licht, in dem alles deutlich sichtbar blieb. Das Licht an diesem Abend war hilflos, der Tag an seiner äußersten Grenze angelangt. Er hatte nicht genügend Kraft, sich gemeinsam mit der Sonne und den Schatten aufzulösen, er hatte lediglich genügend Kraft, die Welt zu berühren, während er sich für immer von ihr zurückzog. Das Abendlicht sprach, und was es sagte, war: »Es gibt nichts mehr zu sagen.« Es gibt nichts mehr zu sagen, denn was noch zu sagen bleibt, läßt sich nicht sagen. Für Rose ist es zu spät.

Hubert blieb stumm. Er hatte nichts zu sagen, und ohnehin war da niemand, der ihn gehört hätte.

Die armen Männer und Frauen

Die Mutter des Priesters war wie von Sinnen, ruhelos, verstockt und in jedem Winkel ihres Gemüts von einer ermattenden Unzufriedenheit erhitzt, die sich schon in sehr jungen Jahren dort eingenistet hatte. Sie verausgabte sich, indem sie ihr Haus putzte, sich mit rastlosen, trockenen Händen ihre Zimmer vornahm, Wände, Fußböden und Möbel scheuerte und schrubbte, bohnerte und wachste und nur innehielt, um ihre Finger zusammenzukrampfen, so fest es ging, aber doch nicht fest genug, niemals fest genug für sie, denn es gab keine Festigkeit, die sie befriedigt hätte. So litt sie weiter Not.

Sie war siebenundvierzig, hatte einen hageren Körper und ein glattes, längliches Gesicht. Die braunen Haare hatte sie hinten zu einer Art Knoten oder Dutt hochgebunden. Ihre Hände waren groß und hart wie die eines Jungen. Im Vergleich dazu wirkten die Hände ihres Ehemanns schmal, da sie, obwohl etwa gleich groß, ungleich schlanker und wohlgestalter waren, mit weichen, geschrubbten Fingerkuppen. Er, Hubert, arbeitete in einem Herrenkonfektionsgeschäft und trug, wenn er zur Arbeit ging, einen steifen schwarzen Hut. Sein Mund, der in seiner Jugend gelassen gelächelt hatte, lächelte noch immer, war jedoch verdorrt und gedunkelt, und er trug darüber keinen Schnurrbart.

Jeden Freitagmorgen händigte er ihr das Haushaltsgeld aus. Wenn er die Treppe herunterkam und sich die Weste zuknöpfte, um ins Geschäft zu gehen, lauerte sie ihm auf und forderte ihm das Geld ab. Dann kam sie immer die drei Stufen von der Küche heraufgehastet, wo das schmutzige Frühstücksgeschirr stand, um ihn auf dem Weg aus dem Haus abzufangen. Eines Morgens schloß sie die Küchentür und wartete dahinter, um zu sehen, wie er reagieren würde. Er setzte seinen Hut auf, nahm seinen Regenschirm und ging, ohne zu zögern, aus dem Haus. Sie glaubte, er habe das Geld auf dem Garderobentisch hinterlegt, er aber hatte nichts dergleichen getan, und am Abend mußte sie ihn rundheraus darum bitten. Er lächelte freundlich und holte das Geld aus einer Innentasche hervor, in der er es gebündelt bereitgehalten hatte.

»Ich dachte, diese Woche brauchst du vielleicht kein Geld«, sagte er. »Heute morgen warst du nicht in der Diele.«

»Ich war im Garten, um die Wäsche aufzuhängen, und habe mich in der Zeit geirrt.«

Sie wollte ihm nicht die Genugtuung geben, zu wissen, daß er ihr eins ausgewischt hatte. Ihre Gehässigkeit brach dennoch aus ihr heraus.

»Und was, wenn mir das Geld ausgegangen wäre?« rief sie. »So wie du dich anstellst, hätte ich keinen Penny im Haus gehabt.«

Er saß über die Abendzeitung gebeugt und ließ sie sinken, um Rose anzusehen.

»Immer die Märtyrerin, Rose«, sagte er, und sie wußte, daß er ihre List durchschaut hatte.

»Das ist das einzige Wort, das du kennst!« rief sie. »Märtyrerin, Märtyrerin.«

»Ehefrau und Märtyrerin«, sagte er ohne Anteilnahme. Es war ein alter Scherz von ihm.

Dies waren Mr. und Mrs. Derdon, seit siebenundzwanzig Jahren miteinander verheiratet. Er war fünf Jahre älter als sie. Sie schliefen oben im hinteren Schlafzimmer. Das Fenster ging auf ihren kleinen ummauerten Garten hinaus, der sich nur wenig von den anderen Gärten der Häuserzeile unterschied, und auf eine Reihe Garagendächer aus grauem Wellblech. Hinter und neben dem Garagenhof lagen die samtigen, smaragdgrünen Plätze des privaten Tennisklubs, die auf der anderen Seite von einer dichten Wand aus starken alten Bäumen beschattet wurden.

Mr. und Mrs. Derdon teilten sich ein Doppelbett aus Messing, das mit einer langen Nackenrolle und einer schweren Patchworkdecke versehen war. Letztere hatte sie noch in ihrer Schulzeit angefertigt. Das Bett stand mit dem Fußende zum Fenster, das mit einem cremefarbenen Rollo und weißen Stores verhängt war.

Hubert ging jeden Abend gegen zehn zu Bett, sie ein wenig später. Sie stand um sieben auf, er um halb acht. Sonntags erhob sie sich, um zur Acht-Uhr-Messe zu gehen, und wenn sie zurückkam, bereitete sie ihm beizeiten das Frühstück, damit er sich um zehn Uhr vor dem Kirchenportal einfinden konnte.

Er trug im Bett einen Flanellschlafanzug, sie ein Flanellnachthemd. Wenn sie sich hinlegten, hatten ihre Körper etwa dieselbe Länge. Keiner von beiden schnarchte, aber beide atmeten schwer. Er zog den Kopf zwischen die Schultern und schlief auf der rechten Seite, mit dem Gesicht zur Wand. Sie schlief auf dem Rücken. Er schlief ruhig. Sie schlief furchtbar schlecht und sah im Schlaf so erschöpft aus, als wäre sie sehr krank gewesen. Zuweilen schleuderte er nachts die Decke von sich. Dann wurden ihr Hals und ihre Schultern entblößt, am Morgen wachte sie auf, war ganz steif und legte als erstes schmerzlich die Stirn in Falten. Zur Schlafenszeit ließ sie ihr Haar zu einem lockeren Zopf herab. Morgens steckte sie es, ohne je in den Spiegel zu schauen, zu besagtem Knoten auf.

Sie liebte es, den wechselnden Tageshimmel zu betrachten. Der Nachthimmel interessierte sie weniger; sie wollte kein Geheimnis, keine Schwärze, keine Sterne, kein sanftes Dunkel, keine Vorhänge, keinen Komfort, keine Aussicht auf Ruhe. Der Tageshimmel, ein gleichmütiges Grau, ein gleichmütiges Blau, hatte sie für sich gewonnen. Sein endloser, unerwarteter Blick beschäftigte sie, und wenn sie die Augen hob und ihm begegnete, geschah es im Wettstreit, und sie erwiderte ihn Blick für Blick. Dann empfand sie Stolz.

Wenn die Wolken sich zusammenballten, war sie bezaubert, ob sie sich nun zu kleinen Kugeln oder Wülsten zusammenzogen, zu einer großen, weichen Masse zerfielen oder in Streifen auseinandergezerrt wurden. Sie war begeistert von der Ansammlung der schwarzen Regenwolken, die mit geblähten Bäuchen hilflos herabsanken, ehe sie platzten. Das Wasser ergoß sich auf ihr Dach, auf ihr weiches Gras und die dürre Krone ihres Goldregens. Ihr selbst konnte es nichts anhaben. Sie blieb im Haus, hinter geschlossenen Fenstern, und sah zu, wie die Tropfen an der Scheibe herabrannen. Der Regen habe einen eigenen Geruch, behauptete sie. Um es zu beweisen, öffnete sie nach einem Schauer ihre Küchentür und roch freudlos den kühlen Dunst, der von ihrer gelockerten Gartenerde aufstieg. Gleichzeitig hob sie den Blick, um zu sehen, wie sich der Himmel, von seiner Last befreit, gereinigt zurückzog.

Solange das Tageslicht vorhielt, blickte sie, sooft sie Gelegenheit hatte, zu ihm auf. Sie schämte sich, gesehen zu werden, wenn sie in ihrem Garten oder auf der Straße stand und hinaufschaute. Womöglich hielten die anderen sie für kauzig.

Manchmal – als junge Frau häufiger denn später – nahm sie einen Bus aufs Land, wo sie sich auf eine Mauer setzen oder ins Gras legen konnte, und gab sich ganz dem Schauen hin. Öfter noch fuhr sie auf dem offenen Oberdeck einer Straßenbahn, beobachtete unter ihrer Hutkrempe hervor verstohlen den Himmel und stellte sich vor, mit dem Scheitel eine sanfte Furche in ihn zu pflügen, während die Bahn mit ihr dahinsauste.

Von den Fenstern ihres Hauses konnte sie mühelos die Wolken sehen, aber dann nahm sie Rücksicht auf die Nachbarn. Die Vorstellung, sie könnten sie dabei ertappen, wie sie dastand und hinausblickte, und sich womöglich einbilden, sie interessiere sich für ihr Treiben, stieß sie ab, und so hielt sie sich von den Fenstern fern, außer wenn sie sie putzen mußte.

Einmal genas sie gerade von einer Grippe. An einem Sonntagnachmittag stand sie erstmals wieder auf, und Hubert brachte ihr von unten einen bequemen Sessel hoch, den er ans Schlafzimmerfenster stellte, davor einen niedrigen Hocker für ihre Füße. In ihrem Schultertuch und mit aufgeflochtenem Haar lehnte sie sich in die Kissen zurück und betrachtete teilnahmslos den Himmel. Am nächsten Tag fühlte sie sich kräftig genug, um nach unten zu gehen, und saß nie wieder so da; doch noch Jahre später konnte sie sich auf jede Einzelheit des Himmels an jenem Abend besinnen, als sie krank und geschwächt dagesessen hatte.

An jenem Abend trafen sich die Wolken und trennten sich wieder, stiegen und sanken auf eine ihr unvergeßliche Weise. Ihre Zwiesprache war entzückend, wie sie sich so Brust an Brust und Rücken an Rücken berührten, aneinander vorbeiglitten, langsam miteinander verschmolzen und sich langsam wieder voneinander entfernten, sich mit blindem, weißem Dehnen übereinanderschoben und sich ungehindert zu einem langen, unruhigen Gähnen öffneten. Zuletzt wurde das Licht hinter ihnen sehr intensiv und schien sie durchbrechen zu wollen, doch zu Roses Genugtuung – denn grellem, reinem Licht traute sie nicht – trat es endgültig den Rückzug an, ein langes, mähliches Verblassen, bis sie voller Überraschung merkte, daß sie der Abenddämmerung beigewohnt und sich vor ihren Augen die Nacht herabgesenkt hatte.

In dem stillen Zimmer raffte sie sich widerstrebend auf; einen Augenblick später kam Hubert mit einem Tablett Tee und Toast herein und schrie überrascht auf, als er sie im Finstern bei hochgezogenem Rollo hellwach antraf.

»Ich hätte früher kommen sollen«, sagte er vorwurfsvoll.

Als er das Licht anknipste, wobei er das Tablett unbeholfen auf dem Arm balancierte und sich darüber beugte, als würde seine Ängstlichkeit es davor bewahren, zu Boden zu fallen, blickte sie ihn unter schweren Lidern an, so daß er erschrak und schon befürchtete, sie habe einen Rückfall erlitten; was jedoch auf ihren Lidern lag und ihr die Augen netzte, war ein Glanz. Mit den Handflächen strich sie ihr unordentliches Haar, das Haar einer Kranken, zurück und wollte etwas sagen; dann aber verwandelte sich ihre Freude, zu unbestimmt, zu überwältigend, mit niemandem geteilt und schon entschwunden, in schwache Tränen; verzweifelt schüttelte er den Kopf und stellte das Tablett auf ihre Knie.

»Wein doch nicht, jedenfalls nicht, bevor du gekostet hast«, sagte er, während er ihr Gesicht nach einem Lächeln absuchte. »Vielleicht ist der Tee ja nicht so schlecht, wie du glaubst.«

»Ach, es ist nicht der Tee«, antwortete sie. »Vielen Dank, Hubert. Das Tablett sieht wunderbar aus.«

Er zog ihr das Tuch um die Schultern, setzte sich, die Hände zwischen den Knien, auf die Bettkante und sah ihr aufmunternd zu. Sie berührte die Teekanne mit der Fingerspitze, um zu fühlen, wie heiß sie war, und fand die Worte nicht, die sie an ihn hätte richten können.

Zögernd fragte er: »Worüber machst du dir denn jetzt schon wieder Sorgen, Liebling? Du solltest dir wegen unwichtiger Dinge nicht den Kopf zerbrechen.«

Sofort schluchzte sie: »Vielleicht sind die Dinge, die mir wichtig sind, nicht die Dinge, die dir wichtig sind. Ist dir das schon einmal in den Sinn gekommen?«

Langsam rollten ihr die Tränen über die Wangen. Er wußte, sie konnte eine Stunde lang so weinen.

Er seufzte und stand auf.

»Ist wenigstens der Tee in Ordnung?« fragte er.

»Ja doch. Der Tee ist in Ordnung, danke. Du hättest dir nicht so viel Umstände machen sollen. Ich bereite dir nicht gerne Umstände.«

Sie wandte den Blick zum Fenster und schaute verärgert in die Dunkelheit hinaus. Dabei legte sie wie erschrocken die Hand auf den Mund.

»Himmel noch mal, Rose, warum versuchst du nicht wenigstens, dich zusammenzureißen? Komm, ich wickele dich ein, dann kannst du dich ganz bequem nach unten setzen, bis es Zeit ist, wieder ins Bett zu gehen. Es wird dir guttun, zur Abwechslung einmal aus diesem ollen Zimmer herauszukommen.«

»Du bist ja plötzlich so nett, Hubert. Geradezu fürsorglich.«

Als sie ihn anblickte, waren ihre Augen wild und furchtsam vor Gehässigkeit.

»Was hast du nur? Was fehlt dir?« rief er.

»Nichts fehlt mir, ich bin nur krank und habe es satt, als Vorwand herzuhalten. Ich hasse Heuchler. Wenn du nach unten gehen willst, dann geh doch.«

»Bist du verrückt geworden, oder was?«

»Ja, ja. Sobald ich dir zuwiderhandele, bin ich gleich verrückt. Ich will lediglich meine Ruhe haben.«

»Hör zu, klopf auf den Fußboden, falls du etwas brauchst. Ich bin unten, falls du etwas brauchst. Bei Gott, ich weiß wirklich nicht, wer mit dir Geduld haben würde.«

»Ich brauche nichts«, sagte sie niedergeschlagen.

So passiv und leidend lehnte sie sich zurück, als hätte sie seit Stunden nicht gesprochen. Als er das Zimmer verließ, sah sie nicht auf, lauschte aber auf seine Schritte, während er die Treppe hinunterging. An der verstohlenen Ruhe, die einen Moment später im Haus einkehrte, merkte sie, daß er sich mit seiner Pfeife und dem sonntäglichen Kreuzworträtsel wieder in seinem Sessel am Kamin vergraben hatte. Mühsam holte sie Luft, ein Atemzug der Erleichterung und der Erschöpfung, und schenkte sich begierig eine Tasse Tee ein.

Sie war nicht oft krank. Sie hatte eine kräftige Konstitution. Schließlich kam sie vom Land. Sie werkelte gern in ihrem kleinen Garten, wo sie das Gras hoch und hell wachsen ließ und Lupinen, Porzellanblümchen, Goldlack, Freesien, Schnee- und Maiglökkchen, Vergißmeinnicht, Stiefmütterchen, Kapuzinerkresse, Ringelblumen und Rosen pflanzte. Es gab auch andere Blumen. In einer Ecke hatte sie Ehrgeiz entwickelt und einen Steingarten angelegt. Vor dem Haus, in dem winzigen Vorgarten, der kaum größer war als ein Tischtuch, hatte sie Pfingstrosen, Mohnblumen, Krokusse und ein spärliches Viereck frischen Grases ausgesät. Im Fenster ihres vorderen Wohnzimmers standen eine Reihe Farne und im Frühjahr Hyazinthen und Tulpen in roten Töpfen.

Sie fühlte sich zu den Armen hingezogen. Zu ihrer Tür ergoß sich ein ständiger Strom armer Männer und Frauen, die um Essen oder Geld bettelten. Nie hätte sie einen von ihnen zurückgewiesen. Hubert ärgerte sich darüber. Er behauptete, es kämen zu viele Bettler, die sie kannten und ausnutzten. Er selbst gebe ja auch oft Geld, aber, wandte er ein, sie treibe es zu bunt. Sie gab weiterhin jedem, der an die Tür kam. Zwei oder drei kamen regelmäßig, einige dann und wann, wieder andere nur einmal. Es gab welche, die Strick- und Haarnadeln, Schnürsenkel oder Bleistifte feilboten. Ein Mann brachte seine Frau und eine große Anzahl kleiner Kinder mit und baute sich lauthals singend auf der Straße auf, bevor er zur Tür kam. Seine Frau trug einen Säugling auf dem Arm. Sie stellte sich neben ihn, warf ihrem Mann einen Blick zu und begleitete seinen Gesang mit schüchternem Gemurmel, während die Kinder mit hoffnungsfrohen Augen die leeren Fenster entlang der Häuserzeile absuchten.

Einen Mann gab es, der länger als alle anderen zur Tür kam. Das war der Mann mit der verkrüppelten Hand. Er erschien stets Donnerstag nachmittags um dieselbe Zeit. Mrs. Derdon interessierte sich für diesen armen Mann, weil sie annahm, daß er wie sie vom Land kam. Er trug die Stoffmütze eines Mannes vom Land und einen Anzug aus marineblauem Serge. Den Mantelkragen hatte er hochgeklappt, im Winter um einen Schal, im Sommer um ein unsauberes Hemd ohne Schlips und Kragen. Seine linke Hand hing ihm an der Seite herab. Sie war unversehrt. Die Rechte hielt er, die Schulter schützend vorgebeugt, wie einen Schatz vor die Brust. Diese Hand war deformiert, das heißt, sie war verstümmelt, zu einem harten, geäderten Klumpen zerquetscht, die Haut zu einem zarten Rot gebeizt. Sie sah verbrüht und sehr entzündet aus. Von seinen Fingern waren nur noch die Stummel übrig, und der Daumen hatte sich in seinen Handteller gegraben. Seine müden blauen Augen schienen kurz vor dem

Erlöschen, doch sein armer unverbildeter Mund, gehorsam bis zum Ende, ein Mund, der so einsam war, daß er keine Zunge zu haben schien, öffnete sich vor ihr zu einem dünnen, verschämten Lächeln des Erkennens und der Demut. Schon gut, schon gut, schon gut, weder Sie noch mich noch sonstwen trifft irgendeine Schuld, sagte der Mund, solange Sie mich nur vollstopfen.

Die Menschlichkeit dieses Mannes, die Sünde, die mit ihr einherging, und ihre tägliche Bestrafung waren seinen Wangen so sichtbar eingeschrieben, daß er kalt und starr wirkte wie ein Leichnam. Von Anfang an sah er aus, als ginge es mit ihm zu Ende. Als Hubert ihn einmal hinter den Wohnzimmervorhängen erblickte, rief er: »Gott steh uns bei, wenn der nicht aussieht wie der ärmste, unglücklichste Mann, der einem je unter die Augen gekommen ist.«

Früher einmal mußte es eine Zeit gegeben haben, da er an alle Türen der Häuserreihe angeklopft hatte, um herauszufinden, wer ihm auftun würde, doch seit Jahren schon kam er immer gleich zu ihr. Wenn er ging, schlurften seine Füße friedfertig über den Bürgersteig. Er bettelte stumm. Sie erwartete stets, von ihm angesprochen zu werden, aber dazu kam es nie. Einmal schickte sie ihm eine freundliche Bemerkung hinterher, da wandte er sich so verwirrt um, daß sie sich schämte. Es dauerte lange, bis sie ihn wieder anzusprechen versuchte. Ganz gleich, wie das Wetter war, er erschien pünktlich vor ihrer Tür. Selbst an den schlimmsten Wintertagen verschonte er sie nicht, sondern stand, Mütze und Schultern schwarz vor Regen, bibbernd, tropfend, schrumpfend und lächelnd vor ihr, und die Nässe und die Kälte verwandelten seine erhobene Hand in flammendes Glas.

Oft spielte sie mit dem Gedanken, ihn auf eine Tasse Tee hereinzubitten, brachte aber nie den Mut dazu auf. Außerdem, wenn er die Einladung nun doch annahm und in die Küche hinunterkäme, worüber sollten sie reden? Natürlich könnte sie ihm den Tee vorsetzen und ihn ungestört trinken lassen, immer gab es zahllose kleine Verrichtungen, die sie auf Trab hielten, aber das wäre unhöflich gewesen, zudem wußte sie sehr wohl, daß sie sich nur allzugern mit ihm unterhalten hätte. Nur wußte sie nicht und konnte es sich auch nicht vorstellen, *worüber* sie sich in Gottes Namen unterhalten sollten. Auf mehr als ein Ja oder Nein aus seinem Mund konnte sie nicht rechnen, und ihn auf einen Tee hereinzubitten und dann eine Salve Fragen auf ihn abzufeuern, wäre noch unhöflicher gewesen, als sich schweigend mit etwas zu beschäftigen, während er trank. Aber sie wollte doch hören, was er zu sagen hätte. Sie war neugierig, was ihm in seinem Leben widerfahren war, aber über die übliche Auflistung von Vorkommnissen und Veränderungen hinaus gab es Dinge, die sie nicht genau benennen konnte, über die sie ihn sprechen hören wollte. Wenn sie, den ganzen Tag allein, in Haus und Garten herumhantierte, ging ihr eine Menge durch den Kopf.

Mr. und Mrs. Derdon hatten einen Sohn. Father John Derdon, den Priester. Dieser kündigte nie an, wann er Rose besuchen wolle, da sie, wie er sagte, zuviel Aufhebens machte, wenn sie sich auf seinen Besuch einstellen konnte. In der Regel kam er, wenn sowohl sein Vater als auch seine Mutter zu Hause sein mußten, einmal aber schaute er an einem Nachmittag mitten in der Woche vorbei und traf sie allein an. Bei seinem Anblick stieß sie einen Freudenschrei aus und begann, mit gewohnt rauher Fürsorglichkeit seinen Regenmantel aufzuknöpfen. Lachend ließ er sich den Mantel abnehmen und gab ihr einen leichten Klaps. An die schwarze Priestertracht hatte sie sich noch immer nicht gewöhnt.

Das schwarze Tuch verlieh ihm ein böses Aussehen, als habe er es aus einem anderen Jahrhundert oder aus einem bösen Traum entwendet. Er war ein anderer geworden.

Er hatte helles Haar und helle Haut. Sein Kopf war länglich, und sein helles, weiches Haar bürstete er so glatt zurück, daß seine hohe, eckige Stirn hervortrat. Seine Augen waren hellblau, ein sorgenvolles, ja bestürztes Hellblau. Seine Kleidung war die aller Priester, und doch hatte er etwas Schmächtiges und Beschwingtes an sich, etwa wenn er den Kopf zur Seite neigte oder eine seiner absichtsvollen, überflüssigen Gesten machte, die eher einem Schauspieler anstanden als einem Priester.

»Du hast dich lange nicht mehr bei uns blicken lassen«, sagte sie. »Ich bring dir was zu essen. Gott sei Dank habe ich unten noch ein schönes Stückchen Huhn.«

Er ging nach oben, um sich die Hände zu waschen und sich in seinem alten Zimmer umzusehen. Er hatte das vordere Schlafzimmer gehabt, das schönste von allen. Alles war noch so wie früher. Es gab Fotos von ihm, allein, mit anderen Jungen, mit anderen Seminaristen und am Tag seiner Priesterweihe. Seine Mutter hatte sie eingerahmt und auf die Kommode, den Schreibtisch, den Kaminsims und die Wände verteilt. Er hörte, wie sie ins Zimmer trat, drehte sich, die Hemdsärmel aufrollend, zu ihr um und lächelte ihr zu. Dann wanderte sein Blick von ihren Augen zu den Gärten draußen.

»Sieh nur all die Blumen«, sagte er dümmlich.

Sie war an ihn herangetreten und nahm seine Hand. Sie hatte kräftige, trockene Hände; ihren Griff vergaß man nicht. Sie umklammerte seine schlaffe Hand und ging in die Knie, um sie zu küssen und mit ihrem Mund zu bezwingen. Sie führte sie über ihre Wangen, über die harte Rundung ihres Kinns und über ihren

Hals, so daß er ihre warmen, sich steil und kräftig aufrichtenden Haare darüber und die weiche Mulde ihres Fleisches darunter spürte. Er riß sich aus diesem Traum heraus und schleuderte ihr halb lachend den Satz ins Gesicht: »Mutter, Mutter, wie oft soll ich dich noch ermahnen? Meine Hände, Mutter, meine Hände.«

»Ach, du lieber Himmel, die geweihten Hände«, rief sie mit gespielter Bestürzung und bedeckte mit den Fingern ihren Mund. Sie kreischte vor Lachen, wie sie da mit gespreizten Knien auf dem Fußboden hockte und ihn mit heißen Tränen des Schmerzes und der Wut anstarrte.

»Ich habe deine Hände glatt vergessen, mein Junge. War das nicht ungezogen von mir? War das nicht richtig *ungezogen*? Was für eine Ungehörigkeit, die allmächtigen Hände eines Priesters zu berühren! Ich weiß, du magst es nicht, wenn ich deine kostbaren Hände berühre. Oh, ich weiß es nur zu gut.«

»Nicht nur du, Mutter. Jeder, das weißt du ganz genau. Die Hände eines Priesters, wie du ganz genau weißt ...«

»Oh, ich weiß, ich weiß. Ich wußte es schon, bevor du überhaupt auf der Welt warst. Komm mir bloß nicht damit. Ich wollte doch nur deinen Segen, John. Das ist alles, mehr wollte ich nicht.«

Gereizt herrschte sie ihn an, rappelte sich mühsam auf und bürstete sich das Kleid ab.

»Ich werde dir meinen Segen erteilen, Mutter, meinen hundertfachen Segen. Es gibt nichts, was ich dir nicht geben würde, wenn ich es zu vergeben hätte. Möchtest du, daß ich dir meinen Segen erteile?«

Sie straffte sich auf wie eine Haushälterin, die Arme vor der Brust verschränkt.

»Laß gut sein«, sagte sie schneidend. »Aber beeil dich und komm zu Tisch.«

Sie trat einen Schritt auf ihn zu und sagte: »Ach, Liebling, was ist los mit mir? Die Nerven gehen mir durch. Kümmere dich nicht darum, was ich rede.«

»An allem bin nur ich schuld, Mutter«, erwiderte er hastig. »Noch bevor du das Tuch auf dem Tisch hast, werde ich unten sein.«

Vom Eßzimmerfenster aus sah sie wie schon einmal an diesem Tag, daß der Goldregen im Garten in voller Blüte stand. Sein Anblick entlockte ihr kaum ein Lächeln: der verschwenderische kleine Baum mit seinem intensiven Gelb, seiner Million Blüten. Er hob sich der Herrlichkeit so weit entgegen, wie Farbe es überhaupt ermöglichte. Jener spindeldürre Stamm, dünn wie ein Bein, war jeden Sommer herrlich für sie, wenn er, ganz Duft und Farbe, in der Sonne gleißte. Nun mußte sie doch lächeln, sie kannte den Anblick der wohlgeformten kleinen Blüten, jede so leuchtendgelb wie die nächste, die Blütenblätter ungewöhnlich glatt und wie mit Händen zu greifen. Ihre Fingerkuppen kribbelten, und sie liebkoste die kunstvolle Spitze ihres besten Tischtuchs, das sie für John auf den Tisch gebreitet hatte.

Sie erinnerte sich, wie sie vor Jahren mit John in diesem oder oben in seinem eigenen Zimmer zusammengesessen und stundenlang mit ihm geredet hatte; sie hatte sich über seinen Vater mokiert oder wieder und wieder Geschichten von den Ladenbesitzern, mit denen sie sich herumschlug, oder von den Nachbarn erzählt. Abend für Abend war sie ihm nach oben gefolgt, wenn er sich zurückzog, um seine Hausaufgaben zu erledigen. Ständig sah sie sich von Ladenbesitzern und Hausierern beleidigt und von Leuten, denen sie auf der Straße begegnete oder im Park, wenn sie einen Spaziergang machte. Sie sei ihnen nicht gewachsen, sagte sie oft, werde ihnen aber nicht die Genugtuung bereiten, ungestraft davonzukommen. Hubert war es leid geworden, ihr zuzuhören, und meinte, sie tue besser daran, derlei zu vergessen. Es habe keinen Sinn, diese Dinge immer wieder auszugraben; es brauche sie ja nur jemand scheel anzusehen, und schon habe sie den Eindruck, ihr sei eine tödliche Beleidigung zugefügt worden. Sie strafe sich nur selbst; wenn ihr danach zumute sei, schön, aber ihn solle sie damit zufriedenlassen.

Aber John war immer schon ein sehr verständnisvoller kleiner Junge gewesen. Von früh an hatte zwischen ihm und seiner Mutter Einverständnis geherrscht. Gemeinsam gingen sie in den Park, setzten sich auf eine Bank und starrten die Leute so lange an, bis sie die Augen niederschlugen. Wenn ihnen eine Frau, die sie nicht mochten, einen Blick zuwarf, legte er gleich los und fragte sie, was sie sich eigentlich denke. Damals war er noch ein Kind. Später, als er zwölf oder dreizehn war, wurde er sich seines hohen Ranges bewußt, zog los und verbrachte lange Stunden in der Bücherei. An dem Tag, als er das Haus verließ, um für das Priesteramt zu studieren, ging sie zur Gemeindekirche und warf einen Zettel in den Kasten für Bittgesuche, auf den sie mit dem Tintenstift, den sie für ihre Einkaufslisten benutzte, gekritzelt hatte: *Ich will meinen Sohn zurück, ich will meinen Sohn zurück.*

Die Jahreszeiten waren den armen Männern und Frauen ziemlich gleichgültig. Sie kamen im Sommer wie im Winter, aber bei kaltem Wetter sahen sie noch schlimmer aus. An einem klirrend kalten Tag kam eine junge Frau zur Tür und klopfte. Sie hatte ein Kind dabei, ein kleines Mädchen. Die Frau war durchnäßt, unterwürfig und nahezu einfältig. Das kleine Mädchen war acht, aber sehr klein für sein Alter, mit einem verschlagenen, erschöpften Gesicht, das dennoch großen Lebensmut verriet. An ihren kleinen Füßen hatte sie schwere Jungenstiefel, und sie trug keine wollene Strumpfhose. Als die Tür aufging, lächelte sie gewinnend, das Kinn wie ein Äffchen vorgereckt. Um sich warm zu halten, sprang sie auf und nieder und rieb die Knie aneinander. Mit neidvollen Blicken aus glänzenden Augen prüfte sie Mrs. Derdons Kleid und versuchte, an ihr vorbei in die Diele zu spähen.

»Was ist da oben?« fragte sie frech und zeigte auf das Erkerfenster von Father Derdons Zimmer. »Ist das da oben ein Zimmer?«

Ihre Mutter wandte sich zu ihr und gab ihr eine schallende Ohrfeige.

»Sie ist wirklich sehr vorlaut, Ma'am«, sagte sie mit einem ängstlichen Lächeln und schüttelte das Kind. »Sag der Dame, daß es dir leid tut«, verlangte sie.

Das Mädchen, dessen Gesicht von der Ohrfeige der Mutter gerötet war, zog eine Grimasse und wedelte mit den Armen. Offenbar legte sie es darauf an, eine zweite Ohrfeige verpaßt zu bekommen. Mrs. Derdon trat in die Diele zurück.

»Das da oben ist das Zimmer meines Sohnes«, sagte sie. »Du darfst es dir anschauen, aber erst mußt du in die Küche hinunterkommen und deine Mutter eine Tasse Tee trinken lassen.«

Das Kind schlug die angebotene Milch aus und trank mit den beiden Frauen Tee. Als sie alles, was auf dem Tisch stand, aufgegessen hatte, erhob sie sich und wanderte in der Küche umher.

»Meins«, sagte sie und faßte den Stuhl an, auf dem sie gesessen hatte.

Sie berührte den Gasherd. »Meins«, sagte sie.

»Daß sie sich immer so aufspielen muß«, meinte ihre Mutter gleichmütig und umklammerte den Henkel ihrer Teetasse. »Danke für den Tee, Ma'am«, fügte sie hinzu. Seit sie sich an den Tisch gesetzt hatte und die Wärme des Herdes genoß, war sie schläfrig geworden.

»Meins«, sagte das kleine Mädchen und legte die Hand an den karierten Vorhang vor dem Fenster.

»So«, sagte Mrs. Derdon, als sie sah, daß der Tee ausgetrunken war, »möchtest du jetzt das Zimmer oben sehen?«

»Ich will da hineinsehen«, sagte die Kleine keck, als sie die drei Stufen zur Diele hochgingen. Sie wies auf die Wohnzimmertür, und schon stürzte sie hin, um sie zu öffnen.

»Meins«, kreischte sie. »Meins, meins.«

Sie berührte das Sofa, und die beiden gepolsterten Sessel, und den Tisch mit den Farnen, und die Vasen auf dem Kaminsims, und die Porzellanfiguren, die in gehörigem Abstand voneinander auf dem Klavier standen, wo sie in Sicherheit waren, da es nie aufgeklappt wurde.

»Meins«, schrie sie und kauerte sich wie ein dicker, nasser Frosch auf den Teppich.

»Sie haben aber ein schönes Haus, Ma'am«, bemerkte die Mutter.

»Jetzt gehen wir nach oben und sehen mal, was es da alles gibt«, sagte Mrs. Derdon mit linkisch aufmunterndem Lächeln. Indem es ihrer Hand auswich, schlüpfte das Kind geschickt an ihr vorbei und flitzte die Treppe hinauf, als kenne sie sich in dem Haus aus.

Als sie zu Father Derdons Zimmer kamen, stand sie bereits am Fenster und drückte das Gesicht gegen die Scheibe. Der weiße Vorhang bauschte sich zur Seite.

»Da ist das Tor, durch das wir gekommen sind«, rief sie ihrer Mutter zu und winkte sie aufgeregt herbei. Sie zerrte an ihrer Hand. »Und da sind wir, Mama, und kommen die Straße herauf. Schau uns an, da draußen.«

Ein kleines Mädchen mit langen, glänzenden Ringellöckchen und einem rosa Mantel lief die Häuserzeile entlang, neben ihr eine Dame, die sich eine Pelzstola um die Schultern gelegt hatte.

Das Mädchen wandte den Blick vom Fenster und starrte seine Mutter an. »Die Dame da, das bist du, Mama, und das Mädchen mit dem Mantel und den Locken, das bin ich.«

Höhnisch versetzte ihr die Mutter einen Stoß.

»Ach, geh«, sagte sie und lächelte Mrs. Derdon verlegen an.

Das Mädchen machte sich heftig los und zeterte vor Wut.

»Das sind wir!« brüllte sie. »Schau uns an, da draußen.«

»Halt den Mund. Ich hab deine Lügen gründlich satt«, rief die Mutter und gab ihr wieder eine schallende Ohrfeige. Das Kind grinste die beiden rasch an, bevor ihm wieder Tränen in die Augen traten.

»Sie schlagen sie viel zu oft«, protestierte Mrs. Derdon.

»Ach, Sie wissen doch selbst, anders bringt man sie nicht zur Vernunft, Ma'am. Das Gör hier hat sich angewöhnt, die ganze Zeit zu flunkern und sich aufzuspielen. Sie ist unverschämt.«

Das Kind ging vom Fenster weg und hüpfte auf dem Bett herum.

»Meins«, sagte sie, nun schon gedämpfter, und schlang ihre langen, schmutzigen Finger um die Querstange des Fußteils. Ihre Finger waren wie Zweige, ihre Augen scharf wie Dornen; in ihrem Lächeln war weder Liebe noch Scham. Sie legte sich aufs Bett und streckte die dürren Ärmchen auf der weißen Steppdecke aus.

»Das ist ja eine Brosche, was du da hast«, sagte sie neugierig.

Mrs. Derdon trug eine kunstvolle Brosche aus Gold und blauer Emaille. Sie hob die Hand und berührte sie.

»Weißt du, was ich tun werde? Ich werde sie dir schenken«, sagte sie rasch, beugte sich über das Bett und steckte die Brosche an das Kleid des Mädchens. Schwer, als sei sie weggeworfen worden, lag sie auf den Lumpen. Das Kind warf seiner Mutter, die zum ersten Mal Mrs. Derdon betrachtete und eine erschrockene, mißtrauische Miene zeigte, einen triumphierenden Blick zu. Die arme Frau wurde unruhig, fürchtete sie doch, Mrs. Derdon könnte das Geschenk bereuen, ehe sie Zeit hätten, aus dem Haus zu fliehen. Sie ermahnte das Kind, von der sauberen Steppdecke aufzustehen, die Dame nicht länger zu belästigen und sich für die hübsche Brosche zu bedanken. Das Kind, eine erfahrene Verschwörerin, sprang gehorsam vom Bett herunter und war schon unten in der Diele, bevor die Mutter ihre Wohltäterin segnen konnte.

Noch ehe sie die Tür hinter den beiden davonhastenden Rükken geschlossen hatte, bereute Mrs. Derdon, die Brosche weggeschenkt zu haben. Das Schmuckstück war nach dem Tod ihrer Mutter in ihren Besitz gelangt. Ihre Mutter hatte es immer getragen und erst, wenn sie zu Bett ging, zu ihren Haarnadeln gelegt. Ihrem längst verstorbenen Vater war es ein vertrauter Anblick gewesen. Einige von Roses frühesten Erinnerungen waren damit verbunden, und nun hatte sie es preisgegeben. Die Patchworkdecke auf dem Bett oben war das einzige, was ihr aus der Vergangenheit geblieben war.

Nicht zum ersten Mal hatte sie übereilt etwas weggegeben und es hinterher bedauert. Johns Taufhemd, in monatelanger Arbeit von ihr angefertigt, hatte dasselbe Schicksal erlitten, es war einer armen Frau an der Tür abgetreten worden; ein andermal ein Paar neuer Handschuhe, das ihr selbst gehört hatte. Manchmal fragte sie sich, ob sie nicht ihr ganzes Leben damit verbracht hatte, die Dinge wegzuschenken, die sie am meisten schätzte, ohne daß man es ihr je gedankt hätte. Die Leute kannten keine Grenzen und nahmen alles. Oft hatte sie zu John gesagt, wenn man den Leuten einen Zoll gebe, nähmen sie gleich die ganze Elle. Als Hubert das hörte, bemerkte er, daran sei nur sie selbst schuld, weil sie den Leuten immer gleich die ganze Elle in den Hals ramme. Dann fragte er John, ob er ihm sagen könne, was eine Elle sei, und sie mußten beide lachen.

Keinem der armen Männer und keiner der armen Frauen, die im Lauf der Jahre, die sie im Haus gewohnt hatte, an die Tür gekommen waren, war sie je auf der Straße begegnet. Bis sie eines Tages, als sie gerade neue Bettlaken kaufen wollte, auf der O'Connell Bridge dem Mann mit der verkrüppelten Hand begegnete.

Der Vorort, in dem sie wohnte, war mit dem Bus etwa zwanzig Minuten vom Stadtzentrum entfernt, sie unternahm die Fahrt aber nur selten und nur, wenn sie einen besonderen Grund hatte. Die Endstation des Busses befand sich auf der Südseite der Liffey. Darüber war sie froh, denn dann hatte sie einen Vorwand, die Brücke zu Fuß zu überqueren und auf den Fluß zu schauen. Es herrschte großes Gedränge. Mrs. Derdon trug schwarze Schnürschuhe, die sie geputzt hatte, bevor sie aus dem Haus ging. Die Sohlen waren so dünn, daß sie bei jedem Schritt das harte Pflaster spürte. Als Frau vom Land war sie klarere Flüsse gewohnt, trotzdem freute sie sich auf den Anblick des dunklen, mächtigen Stroms in seinem hohen Bett. Als sie über die Brücke ging und die kalten Windstöße in ihrem Gesicht spürte, entdeckte sie den Mann mit der verkrüppelten Hand, wie er, seine Hand schirmend, an der Brüstung entlangstrich. Als sie auf gleicher Höhe waren, hob er die Augen und sah sie. Bei ihrem Anblick drückte sein Gesicht eine so herzliche Überraschung aus, daß sie ihm die Hand entgegenstreckte und ihn ansprach, doch er fand seine Fassung wieder, tippte an seine Mütze und ging an ihr vorbei. Auch sie setzte ihren Weg fort. Ein paar Sekunden später drehte sie sich um und suchte seinen Rücken in der Menge, aber der Mann war schon verschwunden. Sie trat aus dem Menschenstrom und suchte die ganze Brücke ab, aber er blieb verschwunden. Er mußte es außergewöhnlich eilig gehabt haben, dachte sie, weil sie ihn so schnell aus den Augen verloren hatte.

Als sie mit dem Bus nach Hause fuhr, dachte sie voller Befriedigung, daß die Begegnung auf der Brücke ihr die langersehnte Gelegenheit geben würde, ein Gespräch mit ihm anzuknüpfen. Sie dachte sich einen Dialog zwischen ihnen aus:

SIE: Neulich habe ich Sie auf der Brücke gesehen.

ER: Ja. Ich habe Sie auch gesehen. Ich hätte ja auch etwas gesagt, aber Sie schienen in Eile. Wie seltsam, daß wir uns begegnet sind.

SIE: Durchaus nicht. Die Welt ist ein Dorf.

Oder sie hätte gesagt: »Sie kommen jetzt schon seit so vielen Jahren zu mir.«

Nein, das ginge nicht. Womöglich verstünde er das als einen Wink, wegzubleiben. Vielleicht sollte sie einen scherzhaften Ton anschlagen und ihn fragen, warum er es auf der Brücke so eilig gehabt habe. Nun, wenn es soweit war, würden sich die Worte schon von selbst einfinden.

Als er am nächsten Donnerstag nicht zur gewohnten Stunde vor der Tür erschien, wurde sie unruhig und wartete den restlichen Nachmittag im vorderen Wohnzimmer auf ihn. Wie jeden Abend bog Hubert um fünf nach sechs um die Straßenecke und ging langsam auf das Haus zu. Als sie Hubert sah, wußte sie, daß der Mann mit der verkrüppelten Hand nicht mehr kommen würde. Sie ging in die Diele, nahm das Geld, das sie schon früh auf den Garderobentisch gelegt hatte, und tat es in eine Tasse im Geschirrschrank. Hubert schloß die Haustür auf, und als er feststellte, daß das Abendbrot nicht bereitstand, ja nicht einmal angerichtet war, erkundigte er sich erstaunt, ob er etwa zu früh nach Hause gekommen sei. Er verglich seine Armbanduhr mit der Uhr auf dem Kaminsims im Wohnzimmer und rief fröhlich in die Küche hinunter, er hätte gern ein gekochtes Ei.

Als sie bei Tisch saßen und ihr Abendbrot zu sich nahmen, erzählte sie ihm von der Begegnung mit dem armen Mann auf der Brücke und davon, daß er nicht gekommen war.

»Vermutlich hast du ihn zu Tode erschreckt«, meinte Hubert gelassen. »Mit ausgestreckter Hand so auf ihn zuzurennen, zumal wenn sie leer ist.«

»Aber ich wollte doch nur ein paar Worte mit ihm wechseln, das kann doch nichts schaden.«

»Himmel noch eins, du brauchst dir doch nur das Gesicht dieses Mannes anzusehen. Ein Mann wie er kann mit deinem Getue und Gerede nichts anfangen, Rose. Gib ihm, was immer du ihm geben willst, aber laß ihn in Frieden.«

»Aber er sah so froh aus, mich zu sehen, Hubert. Noch nie in meinem Leben bin ich jemandem begegnet, der so froh war, mich zu sehen.«

»Das nächste Mal weiß er's besser. Woher sollte er auch wissen, daß du ihn umarmen wolltest?«

»Hubert, daß du mich immer ins Unrecht setzen mußt.«

»Rose, Liebling, das hast du dir selbst zuzuschreiben. Es will einfach nicht in deinen Schädel, daß du in diesem Leben lernen mußt, andere Leute in Frieden zu lassen.«

Nach einem kurzen Schweigen, das er nutzte, um sein Ei zu köpfen, sagte er versöhnlich, der Mann mit der verkrüppelten

Hand werde bestimmt zurückkehren, sobald er seinen Schreck verwunden habe. Dann fügte er hinzu, wenn der Mann nicht zurückkäme, wäre es ihm auch nicht unrecht, da sie dann etwas Geld einsparen würden. Aber er scherze nur. Er meine es nicht böse.

Am folgenden Donnerstag kam der Mann mit der verkrüppelten Hand wie immer nachmittags zur Tür. Sobald sie ihn sah, wußte sie, daß er keinen Ton von sich geben würde. Sie hatte beschlossen, ihn in Ruhe zu lassen, es sei denn, er sagte von sich aus etwas. Er hielt ihr seine verletzte Hand hin und blickte sie ohne eine Spur jenes Leuchtens an, das sie auf der Brücke in seinem Gesicht erblickt hatte. Falls er sich schämte, weil er sich verraten hatte, ließ er sich auch das nicht anmerken. Er war schon zu tief gesunken. War unerreichbar. Es war ihr ein großer Trost, ihn wieder vor ihrer Tür zu sehen. Danach dachte sie nie wieder daran, ihn in ein Gespräch zu verwickeln, und nach einer Weile vergaß sie die Neugier, die an ihr genagt hatte, auch wenn sie weiter Ausschau nach ihm hielt, nach ihm und nach all den anderen, die an ihre Tür kamen.

Ein junges Mädchen kann sich um seine Chancen bringen

Oben in dem Schlafzimmer, das er seit mehr als dreißig Jahren mit seiner Frau teilte, stand Mr. Derdon in aufrechter Haltung vor der Frisierkommode, die ihm allein gehörte, und band gelassen den Knoten seiner marineblauen Fliege. Er hatte seine Weste und seine Hose an. Die beiden Kleidungsstücke, die er sich von einem der Schneider des Herrenkonfektionsgeschäfts, in dem er arbeitete, zu einem Sonderpreis hatte anfertigen lassen, waren aus glattem Wollstoff, marineblau mit hellgrauen Nadelstreifen. Die Anzugjacke hing, zum Überstreifen bereit, über der geraden Lehne eines Stuhls auf seiner Seite des Bettes. Auf Mrs. Derdons Seite des Bettes stand ein dazu passender Stuhl, über dessen Lehne jedoch keine Kleidungsstücke hingen. Mrs. Derdon war wie üblich vor ihrem Mann aufgestanden, hatte sich angekleidet und das Zimmer verlassen, ehe er richtig wach war.

Wäre dies ein gewöhnlicher Morgen gewesen, hätte sie ihr Frühstück um diese Zeit schon beendet. An einem gewöhnlichen Morgen hätte sie bereits mit der Hausarbeit begonnen, und sobald er nach unten gekommen wäre, hätte sie alles stehen und liegen lassen und wäre in die Küche zurückgegangen, um ihm beim Frühstück aufzuwarten. Aber dies war kein gewöhnlicher Morgen. Es war ein Morgen zum Auswachsen. Heute war der dreiundvierzigste Todestag von Mrs. Derdons Vater. Wie jedes Jahr ließ sie eine Messe für seinen Seelenfrieden lesen, und wie jedes Jahr an diesem Tag würde sie der Messe beiwohnen. Das hatte zur Folge, daß Mr. Derdons Morgen durcheinandergebracht werden würde – als er aufwachte, hatte er voller Ärger gleich daran denken müssen –, da sie nicht zur Stelle wäre, um ihm sein Frühstück vorzusetzen und sich von ihm zu verabschieden, wenn er zur Arbeit ging.

Mr. Derdon ließ sich Zeit mit dem Binden seiner Fliege. Er musterte sich in dem Spiegel, der über seiner Frisierkommode hing, doch obwohl seine Hände und seine Augen mit der Fliege beschäftigt waren, galt seine ganze Aufmerksamkeit der Diele unten, und er lauschte auf das Zufallen der Haustür. Dies wäre das Zeichen, daß Mrs. Derdon das Haus verlassen hatte, daß er allein war und nach unten gehen konnte, ohne Gefahr zu laufen, daß sie ihn sah. Wenn sie schon so aus dem Haus ging und ihn seinem Frühstück überließ, sollte sie nicht auch noch die Genugtuung haben, ihm dabei zuzusehen, wie er es sich am Küchentisch bequem machte, bevor sie aufbrach. Sein Entschluß stand fest. Er würde nicht nach unten gehen, bevor er nicht sicher sein konnte, daß sie aus dem Haus war. Er hatte die Zeit auf seiner Seite. War er erst einmal unten, konnte er sein Frühstück rasch hinunterschlingen. Eigentlich hätte sie schon vor geraumer Zeit aus dem Haus gehen müssen. Wenn sie in ihrer Bank niederknien wollte, ehe der Priester zum Altar trat, um mit der Messe zu beginnen, hätte sie schon auf halbem Weg zur Kirche sein müssen. Er konnte sich getrost Zeit lassen. Sie würde es bald leid sein, unten herumzustehen und auf ihn zu warten.

Endlich hörte er, wie die Haustür ins Schloß fiel. Sie war fort. Im Nu hatte er seine Fliege gebunden, war in seine Anzugjacke geschlüpft und hatte seine Brille, sein sauberes Taschentuch, sein Wechselgeld, sein Schreibetui und die anderen Gegenstände, die jede Nacht auf seiner Frisierkommode lagen, in die Taschen gesteckt, und nun stand er oben auf der Treppe, die zu ihrer schmalen Diele hinunterführte.

Er bekam einen Schreck, als er sie unten in der Diele stehen sah. Sie hatte ihre Straßenkleidung an, trug ihren grauen Mantel und ihre schwarzen Sonntagsschuhe. Ihr Kopf war geneigt, das Gesicht von der Krempe ihres Huts beschattet. Sie war in ihr Gebetbuch vertieft und stand so reglos da, daß er einen Augenblick lang glaubte, ein Gespenst vor sich zu sehen, doch dann blickte sie zu ihm auf und klappte ihr Gebetbuch zu.

»Ich dachte, du wärst schon weg«, sagte er.

»Ich mußte noch mal zurück. Ich hab was vergessen«, antwortete sie. Er ging die Treppe hinunter, machte am Fuß der Treppe eine scharfe Kehrtwendung und ging die drei Stufen hinab, die zur Küche führten. Sie folgte ihm. Natürlich wußte er genau, was hier gespielt wurde. Das sah ihr ähnlich. Jeder von ihnen hatte versucht, dem anderen einen Streich zu spielen, und sie hatte gewonnen. Die ganzen letzten zehn Minuten über hatte sie genau gewußt, was er im Schilde führte, als er dort oben Zeit zu schinden versuchte. Aber sie hätte natürlich nicht zu ihm hinaufgerufen, sie wäre auch nicht, wie jede andere Frau, zu ihm heraufgekommen. Das hätte sie »ihn stören« genannt. Etwas ohne Umschweife zu tun hieß »ihn stören«. Aus irgendeinem Grund war sie ebenso entschlossen gewesen, ihn noch einmal zu sehen, wie er, sie nicht noch einmal zu sehen.

»Du weißt vermutlich, daß du zu spät zur Messe kommst«, sagte er, nahm die Teekanne vom Herd und trug sie zum Tisch, dann setzte er sich und griff nach einer Scheibe Brot.

»Ich hab dir alles hingestellt«, sagte sie.

Unsicher blieb sie in der Tür stehen. Sogar ihre Handschuhe hatte sie an. Gleich würde sie die Handschuhe abstreifen und herumhantieren, noch mehr auf den Tisch stellen und ihn fragen, ob er etwas benötige.

»Gehst du nun zur Messe oder nicht?« fragte er.

»Hubert«, sagte sie, »heute morgen ist mir etwas ganz Komisches eingefallen. Weißt du, daß ich heute genauso alt bin wie meine Mutter am Tag meiner Hochzeit?«

»Früher oder später mußte es dazu kommen«, erwiderte Hubert.

»In zwei Tagen bin ich dreiundfünfzig, und zwei Tage vor dem dreiundfünfzigsten Geburtstag meiner Mutter habe ich geheiratet.«

»Ich habe an dem Tag ebenfalls geheiratet, falls du es vergessen haben solltest«, sagte Hubert. »Sie sah viel älter aus als dreiundfünfzig«, fügte er hinzu.

Sie zögerte und blickte erst ihn, dann den Tisch, dann wieder ihn an.

»Nun ja, ich dachte, ich sollte es dir sagen«, meinte sie. »Komisch, wenn man es sich recht überlegt. Ich gehe jetzt. Vergiß nicht, die Haustür kräftig zuzuschlagen. Achte darauf, das sie richtig zu ist.«

»Ja doch, ja doch, ja doch«, sagte er, aber dann fiel die Haustür ins Schloß, und er wußte nicht, ob sie ihn noch gehört hatte.

Seine Stimme hatte sie wohl gehört, nicht aber seine Worte. Sie war zufrieden. Sie hatte ihn noch einmal sehen wollen, und nun hatte sie ihn gesehen. Sie hatte es nicht gern, aus dem Haus gehen und ihn allein zurücklassen zu müssen.

Der heutige Tag, der Todestag ihres Vaters, war schon immer ein sonderbarer Tag gewesen, und selbst jetzt, nach dreiundvierzig Jahren, ging er ihr sehr nahe. Heute fiel er auf einen Dienstag.

Dienstag, der 9. September. Ihr Vater war zwei Tage vor ihrem zehnten Geburtstag gestorben. Jedes Jahr, wenn sein Todestag wiederkehrte, wurde sie daran erinnert, daß in zwei Tagen ihr Geburtstag wäre, und dann, an ihrem Geburtstag, wurde sie daran erinnert, daß er an ihrem zehnten Geburtstag erst zwei Tage tot gewesen war. Nicht einmal zwei Tage, jedenfalls nicht offiziell, denn gestorben war er irgendwann zwischen halb sieben und halb acht abends, während sie irgendwann nach drei Uhr morgens zur Welt gekommen war. Ein paar Minuten nach drei, hatte ihre Mutter ihr erzählt. So daß ihr noch unbeerdigter Vater genau in dem Moment, als sie zehn Jahre alt wurde, noch nicht einmal zwei Tage tot war.

Jedes Jahr an ihrem Geburtstag zählte sie ihre fortschreitenden Jahre und dachte an den zeitlichen Abstand, der sie zunehmend von ihrem Vater trennte; am meisten aber dachte sie immer wieder an diese beiden unvollständigen Tage, und am Morgen ihres Geburtstags wachte sie stets mit einem schrecklichen Angstgefühl auf, als habe sie vergessen, etwas Wichtiges zu erledigen, und man werde ihr dahinterkommen. Das Angstgefühl, das sie bei dem Gedanken an die Unvollständigkeit dieser beiden Tage beschlich, war ungeheuer schmerzlich, und nie kam sie über die Vorstellung hinweg, irgend etwas, das mit dem Tod ihres Vaters zu tun hatte, sei unerledigt geblieben – vielleicht, daß er es versäumt hatte, jemanden zu sehen, den er gern noch einmal gesehen hätte, eine Fahrlässigkeit bei der Totenwache oder bei seiner Beisetzung oder mangelnder Respekt beim Tragen seines Sarges oder an seinem Grab. Sie war zu klein gewesen, um dafür zu sorgen, das alles seine Richtigkeit hätte. Zusammen mit ihrem kleinen Bruder war sie zu einer Nachbarin geschickt worden. Lange Minuten hatte sie nicht gewußt, was mit ihrem Vater passierte oder wer ihn gerade anschaute. Die älteste Tochter der Nachbarin dagegen wußte Bescheid; sie hatte alles mitbekommen, und als der Sarg hineingetragen wurde, hatte sie Rose gerufen, damit sie ihn sähe.

Mrs. Derdon wußte sehr wohl, daß der Abstand von nicht einmal zwei Tagen zwischen der Todesstunde ihres Vaters und der Stunde ihrer Geburt nichts weiter war als Zufall, der reinste Zufall, ihre Angst aber lebte fort, und wovon sie sich nährte, war ebendieses Gefühl des Zufalls.

Dabei hätte er gar nicht zu sterben brauchen. Er war nicht alt gewesen, und krank auch nicht. Gebrechlich schon – wie oft hatte er sich ins Bett gelegt, um sich auszuruhen –, aber nicht krank. Hätte er doch nur ein klein wenig länger durchgehalten, es bis zu ihrem Geburtstag geschafft, vielleicht wäre er gar nicht gestorben, sondern hätte das Schlimmste überstanden. Schließlich war es ihr Geburtstag, ihr Großer Tag, und in dem Bewußtsein, was für ein wichtiger Tag das war, hätte er sich den ganzen Tag über so in acht genommen, daß er sich, als er abends nach Hause kam, nicht zur Ruhe gelegt hätte, und wenn er sich nicht zur Ruhe gelegt hätte, wäre er vielleicht nicht gestorben. Beide waren sie so damit beschäftigt gewesen, an ihren Großen Tag zu denken und darüber zu reden, daß sie die vorhergehenden Tage gar nicht beachtet, sondern im Kalender mit dem Bleistift durchgestrichen hatten. Vater hatte einen leuchtendroten Stern um ihren Großen Tag gemalt, die vorhergehenden Tage aber gar nicht beachtet, und sie auch nicht. Höchstens, daß sie beide froh waren, jeden Abend einen weiteren Tag durchstreichen zu können, der ihnen bewies, daß der Tag, auf den sie sich beide freuten, wieder ein Stück nähergerückt war. Sämtliche Tage vor ihrem Geburtstag waren gewöhnliche Tage gewesen, langweilige Alltagstage, die nicht zählten, sondern aus dem Weg geschubst werden mußten, und dann hatte sich einer dieser gewöhnlichen Tage gewendet und war zum bedeutendsten aller Tage geworden.

Hätte er an jenem Abend wie so oft in seinem alten Lehnstuhl bei ihr in der Küche gesessen, er wäre wieder zu Atem gekommen, und danach wäre es ihm besser gegangen. Sie hatte oft miterlebt, wie er nach Atem rang. Dabei schaute er sie immer an, und sie schaute ihn an und sah, wie ihm die Tränen in die Augen traten, während er nach Atem rang, und danach mußten sie beide lächeln, weil er den Anfall überstanden hatte.

Er ließ sie immer auf seinem Schoß sitzen. Das ärgerte ihre Mutter. Ihre Mutter behauptete immer, sie sei zu groß und zu schwer, um auf seinem Schoß zu sitzen, er jedoch entgegnete, sie sei federleicht. Wenn er von der Arbeit nach Hause kam und sich ins Bett legte, ging Rose am liebsten hinauf, legte sich zu ihm und unterhielt sich mit ihm, bis er sich ausgeruht hatte, aber ihre Mutter bereitete dem ein Ende.

An jenem Abend war er wie gewöhnlich von der Arbeit nach Hause gekommen, und als er im Kalender den Tag durchstrich, hatte Rose neben ihm gestanden. Dann hatte er gefragt: »Soll ich mich hier an den Kamin setzen, oder soll ich hinaufgehen und mich ein bißchen ausruhen?«

»Ganz, wie du willst«, hatte Rose geantwortet, und als sie ihn ansah, mußte sie lachen, so sehr freute sie sich immer, ihn zu sehen.

»Ach, ich weiß nicht, ich glaube, ich ruhe mich ein bißchen aus«, sagte er, legte seine Hand um ihren Nacken, unter ihr Haar, und schüttelte sie ein wenig. »Nur noch ein Tag, Rose«, sagte er, »dann werden wir sehen, was wir sehen werden.«

Sie war vergnügt, weil sie wußte, daß er das Geschenk meinte, das er ihr versprochen hatte – es sollte eine Überraschung sein.

Und Jimmy, damals erst fünf, der allein vor dem Kamin auf dem Fußboden saß, stand auf und kam zu ihnen, weil er wußte, daß es auch für ihn etwas geben würde, obwohl es Roses Geburtstag war. Und Vater hatte sich zu ihm gebeugt und gesagt: »Ja, Jimmy, für dich wird's auch was Schönes geben.« Dann war er die Treppe hinaufgegangen, und zusammen mit Jimmy hatte sie am Fuß der Treppe gestanden und ihm nachgeschaut. Er hatte sich nicht umgeblickt, aber er hatte ja auch nicht gewußt, daß sie an den Fuß der Treppe getreten waren, um ihm nachzuschauen.

Ihre Mutter war nicht nach oben gegangen, um nach ihm zu sehen, wie sie es normalerweise tat, wenn sie aus dem kleinen Laden, den sie im früheren Vorderzimmer des Hauses führte, wieder in die Küche kam. Erst war sie damit beschäftigt gewesen, das Abendbrot zuzubereiten, und als aufgetragen war, hatte sie gesagt, sie wolle ihn eine Weile schlafen lassen. Und schließlich hatte die Frau von nebenan hereingeschaut und sie in ein Gespräch verwickelt. Er war allein gestorben. Er mußte schreckliche Angst ausgestanden haben, war aber sehr tapfer gewesen. Weder hatte er aufgeschrien noch irgendeinen Namen gerufen. Sie alle hatten sich unten aufgehalten und nichts gehört. Aber ihre Mutter und die Frau von nebenan hatten gelacht und geplaudert. Vielleicht hatte er ja doch gerufen, und sie hatten ihn nur nicht gehört. Vielleicht hatte er versucht, »Rose, Rosie!« zu rufen. »Rose« bedeutete, daß er sie rief, und »Rosie« bedeutete, daß er lächelte, wenn er ihren Namen zum zweiten Mal rief. Aber er hatte sie nie zweimal rufen müssen. Immer war sie gleich losgerannt, sobald sie seine Stimme hörte. Immer, wenn er ins Haus getreten war, hatte er als erstes sie gerufen.

An jenem Abend war sie unruhig gewesen. Unbeachtet von den anderen, hatte sie am Küchentisch gesessen. Ihre Mutter und die

Frau von nebenan hatten am Kamin einander gegenüber gesessen. Jimmy saß bei seiner Mutter auf dem Schoß, und sie drückte ihn an sich, einen Arm auf seinem Bein, den anderen um ihn geschlungen. Während sie sich über seinen Kopf hinweg mit der Frau von nebenan unterhielt, kraulte sie ihm den Nacken. Jimmy trug die kurze Hose, die seine Mutter ihm aus einem ihrer alten Röcke genäht hatte, und den von ihr gestrickten roten Pullover. Als Rose ihn von der Schule nach Hause gebracht hatte, hatte Mutter ihm Stiefel und Strümpfe ausgezogen, und jetzt glänzten seine kleinen Füße im Schein des Kaminfeuers.

Rose hatte dagesessen und Jimmy in die Arme nehmen wollen, sich aber nicht getraut zu fragen, und schließlich hatte sie gesagt, sie würde mal eben nach oben laufen und nachschauen, wie es ihrem Daddy gehe. Aber ihre Mutter, die sich, wenn sie Besuch hatte, anders verhielt als sonst, hatte ihr einen Blick zugeworfen, der, wie Rose wußte, für die Frau von nebenan bestimmt war, und befohlen: »Du bleibst, wo du bist, Miss, und störst deinen Daddy nicht. Ich bestimme, wann es Zeit ist, ihn zu wecken, hörst du?« Und Mutter hatte der Frau von nebenan bedeutungsvoll zugenickt und gesagt: »Rose ist die größte kleine Wichtigtuerin, die Sie je gesehen haben.«

Und die Frau von nebenan hatte, nicht eben freundlich, gelächelt und gemeint: »Sie will nur beachtet werden, stimmt's, Rose?«

»O ja, und wie sie beachtet werden will«, hatte die Mutter erwidert. »Aber er verhätschelt sie regelrecht. Was ich auch sage, er verhätschelt sie. Und auf lange Sicht macht er es ihr damit nur schwer.«

»Nichts ärger als ein Hätschelkind«, hatte die Frau von nebenan erklärt, und dann hatten sie sich einem anderen Gesprächsgegenstand zugewendet, und Rose hatte geduldig dabeigesessen, bis ihre Mutter es für angebracht hielt, nach oben zu gehen, wo Vater lag.

Rose hatte nie herausgefunden, was Vater ihr zum Geburtstag schenken oder was er Jimmy geben wollte. Manchmal – wenigstens ein-, zweimal – hatte er für das Geschenk, das er sich ausgedacht hatte, eine Anzahlung geleistet, und die Verkäufer hatten das Geschenk, ein Spielzeug oder eine Puppe, beiseite gelegt, bis er genügend Geld beisammen hatte, um es abzubezahlen. Rose konnte nicht glauben, daß er diesmal keine Anzahlung geleistet haben sollte; vielleicht nicht für Jimmys Geschenk, denn das wäre kleiner gewesen, aber doch für ihres. Und so ging sie mehrmals zu Miss Greene's und zu O'Malley's, trödelte eine Weile, schaute sich um und hoffte, einer der Verkäufer hinter der Ladentheke würde ihr sagen, ihr Vater habe eine Anzahlung für ihr Geschenk geleistet, und sie hätten es in Verwahrung, aber nie erwähnte jemand irgendeine Anzahlung, und zu fragen traute sie sich nicht.

Was Rose bedrückte, war freilich nicht so sehr der Verlust des Geschenks, der Verlust des Geburtstags oder auch nur der Verlust ihres Vaters, als vielmehr das allein ihr vorbehaltene Wissen um jenes verlorene Bruchstück Zeit zwischen dem Augenblick seines Todes und dem Augenblick, der ihre Geburt bezeichnete. Ein großes Stück Zeit war herausgebrochen worden und untergegangen, und vielleicht hatte es außer ihm noch andere Menschen mitgerissen, von denen sie jedoch nichts wußte. Das Furchtbare war, daß niemand außer ihr zu bemerken schien, daß ein Stück Zeit aus ihrer aller Leben herausgelöst worden war und in dieser Zeit nichts geschehen sein konnte – keine Minuten, keine Stunden oder dergleichen. Rose konzentrierte ihre Aufmerksamkeit auf dieses eine ungleichmäßige Bruchstück, bemühte sich, seine Form zu erraten (nicht ganz wie ein Tag und nicht ganz wie eine Nacht) und sich vorzustellen, welchem Zufall es wohl zu verdanken war, daß es sich fortgestohlen hatte, wo es doch hätte ausharren können, bis Vater und sie den sicheren Boden ihres Geburtstags erreichten. Ihr Wissen um die Macht des Zufalls, ihre angeborene, verwirrte Furcht sowie das Bedürfnis, dafür zu sorgen, daß Hubert etwas zu essen bekäme, hatten sie veranlaßt, ihn mit einer Finte dazu zu bewegen, daß er an diesem Morgen nach unten kam, obwohl sie genau wußte, wie sehr er es genoß, den Beleidigten zu spielen.

Sie kam gerade noch rechtzeitig zur Messe. Als sie in die Kirche trat, hielt sie sich ganz aufrecht und trug eine selbstbewußte, fast hochmütige Miene zur Schau, die Miene einer Frau, die bislang nichts auszusetzen gefunden hat, jedoch befürchtet, sich jeden Moment unter Menschen wiederzufinden, die ihr nicht ebenbürtig sind und immer gleich plump-vertraulich werden.

Hubert kannte diese Miene. Sie setzte sie nur außer Haus auf. Hubert mochte es gar nicht, wenn sein Tagesablauf durcheinandergeriet. Er mochte es nicht, wenn bei seinem Frühstück alles drunter und drüber ging, und er mochte es nicht, wenn er seine Frau an einem Wochentag zu früher Morgenstunde mit Hut und Handschuhen, das dicke Gebetbuch in der Hand, im Haus herumrennen sah; am meisten aber verabscheute er es, wenn sie in die Welt hinausging und die Miene aufsetzte, die sie der Welt zu zeigen pflegte, jene Miene, mit der sie die Leute zu beeindrucken glaubte – als ob je irgend jemand Notiz von ihr genommen hätte. Ihre Anmaßungen, die bemitleidenswerten Allüren, in denen sie sich gefiel, als wäre sie eine Standesperson, reizten ihn so sehr, daß er es bei den seltenen – jedenfalls seltener gewordenen –

Gelegenheiten, da sie zusammen ausgingen, kaum ertragen konnte, sie auch nur anzusehen. Seit mehr als dreißig Jahren lebten sie in Dublin, und sie war noch dasselbe schlichte Mädchen aus derselben schlichten Kleinstadt, und auf gewisse Weise war das ja auch in Ordnung, wenn sie sich nur damit zufriedengegeben hätte; doch sobald sie aus dem Haus trat, fing sie an, sich etwas auf sich einzubilden, als könne sie die Leute durch bloße Einbildung und Anmaßung zu der Annahme verleiten, sie sei die Sorte Frau, die sie gar nicht war. Mehr noch, als könne sie die Leute zu der Annahme verleiten, sie sei eine Sorte Frau, die es nirgendwo und zu keiner Zeit gegeben hatte, außer in ihrem Kopf.

Hubert fand, daß der Tag sich schlecht anließ – all diese Grübeleien. Aber als er erst einmal angefangen hatte, über all das nachzudenken, konnte er nicht mehr aufhören. Infolgedessen kam er sieben Minuten später als gewöhnlich, wenn auch immer noch lange vor den meisten anderen Angestellten zur Arbeit und war übelgelaunt. Die Erschütterungen dieses Morgens erwähnte er nicht. Er mochte es nicht, andere ins Vertrauen zu ziehen oder sich von ihnen ins Vertrauen ziehen zu lassen, er ließ sich nicht gern ausfragen und stellte auch anderen fast nie eine Frage. Seine ausschließlich mit Männern besetzte Abteilung befand sich am hinteren Ende des Erdgeschosses, hinter der breiten, mit Teppichboden belegten Treppe, die zum Obergeschoß führte. Das Erdgeschoß war so hoch wie zwei Stockwerke, und um Platz für die Waren, die Anfertigung und Durchsicht von Musterbüchern und die Kontrolle der eingehenden Bestellungen zu schaffen, war in der Herrenabteilung eine Galerie angebracht worden. Heute würde sich Hubert auf der Galerie aufhalten, um anhand der Musterbücher zu prüfen, wieviel Stoff sie von jeder Sorte auf Lager hatten. In seiner Abteilung ließen sich auch viele Priester ausstatten, und als Hubert sich zurechtlegte, was er im Lauf des Tages durchzuarbeiten gedachte, schob er die Stoffproben für die Geistlichen beiseite, damit er nicht schon vor dem nächsten oder übernächsten Tag darauf stieß. Huberts einziger Sohn, sein einziges Kind, war Priester geworden, und Hubert ließ sich nur ungern daran erinnern, daß John inzwischen Father John Derdon hieß.

Hubert war zwar enttäuscht, aber um die Wahrheit zu sagen, zugleich erleichtert gewesen, als John Priester wurde. John war ein armseliges Bürschchen gewesen, schwächlich und schüchtern, ohne jede Begabung und ohne jede Neigung, und Hubert hatte sich nie vorstellen können, was er anfangen würde oder könnte, um sich seinen Lebensunterhalt zu verdienen und etwas aus seinem Leben zu machen. Für einen Burschen wie ihn war das Priestertum eine Lösung so gut wie jede andere. Man würde sich um ihn kümmern und ihm sagen, was er zu tun und zu lassen hatte. Sein ganzes Leben lang würde er unbehelligt bleiben. Mit der Zeit, mit zunehmendem Alter, würde er in seiner schwarzen Robe vermutlich mit ebensoviel Autorität dahergehen und -reden wie alle anderen auch. Was John widerfahren war, sein Schicksal, konnte man Rose zur Last legen. Sie hatte den Jungen ruiniert. Sein Leben lang hatte sie ihn für sich behalten wollen, und am Ende hatte sie ihn ruiniert. Hubert dachte nicht gern an John. Als dieser sie das letzte Mal besuchte, hatte er etwas Dürftiges und Verlorenes an sich gehabt: seine steifen neuen Manieren, sein verkehrt herum sitzender Kragen und seine übergroße Achtsamkeit in allen seinen Äußerungen. Ganz verlegen hatte John an jenem Tag gewirkt, als sei er bemüht, sich selbst mit gutem Beispiel voranzugehen; er hatte sich selbst im Auge behalten und dann seine Eltern angeblickt, als hoffe er, sie würden ihm sagen, daß alles in Ordnung sei.

Der Vormittag, der für Hubert schlecht begonnen hatte, verlief auch weiterhin schlecht. Die beiden hartgekochten Eier, die Rose ihm hingestellt und die er in letzter Minute hinuntergeschlungen hatte, nachdem er zunächst entschlossen gewesen war, Rose damit zu strafen, daß er sie unberührt stehenließ, lagen ihm kalt im Magen. Als es Mittag wurde, hatte er keinen Appetit und beschloß, einen Spaziergang zu machen und vielleicht ein Glas Milch oder dergleichen zu trinken.

Es war ein kühler, heller Sonnentag, aber am Morgen hatte es mehrmals geregnet, und Hubert hatte seinen Regenmantel angezogen, als er aus dem Geschäft trat.

Er war ein unauffälliger, passabel aussehender Mann, von durchschnittlicher Größe. Sein Gesicht war blaß und dünn, und er hatte blaue Augen. Er wirkte wie ein Freund, allerdings wie ein Freund, der keine Versprechungen macht. Er schritt genauso methodisch aus, wie er arbeitete; langsam ging er die schmale, überlaufene Grafton Street entlang, wobei er den Kinderwagen auswich und auf den Weg achtete. Auf die Schaufensterauslagen verschwendete er keinen Blick. In der Grafton Street ging es zu wie in einem Tollhaus, dachte er und war froh, als er zu den breiteren, offeneren und ruhigeren Flächen des Stephen's Green gelangte. Das hohe Parktor schräg gegenüber der Straßenecke, wo er sich befand, stand offen.

Er hatte den Park schon seit Jahren, seit vielen Jahren nicht mehr betreten, doch als Rose und er nach Dublin gezogen waren, war er ihnen von allen Orten der liebste gewesen. Jeden Sonntagnachmittag hatten sie im Park verbracht – jede freie Minute. Damals hatte der Regen ihnen nichts anhaben können, sie hatten sich von nichts stören lassen; bei Wind und Wetter waren sie im Park umherspaziert. Damals hatte Rose einen Hut gehabt, einen kleinen Hut mit Krempe, der dem ganz ähnlich war, den sie an diesem Morgen aufgesetzt hatte. Sie hatte den Park geliebt. Immer wieder hatte sie hingehen wollen. Sie liebte es, die Enten zu füttern, und stieß unablässig Entzückensrufe aus: über die schönen Blumen, die raffinierte Anlage der Beete, die bequemen Bänke und Stühle, die am Wegesrand aufgestellt waren, damit die Spaziergänger sich darauf ausruhen konnten, und die Sorgfalt, mit der Rasen, Rabatten und Sträucher gepflegt wurden. In jenen ersten Wochen – ach was, Monaten –, bevor sie ein erschwingliches Haus fanden und nach Ranelagh hinauszogen, hatte sie sich stets im Park aufgehalten.

Während dieser ersten gemeinsamen Wochen wohnten sie in einem Mietshaus in der Somerville Street, zwei kleine Zimmer im obersten Stockwerk – man mußte hoch hinaufsteigen –, und Rose hatte die Zimmer sehr ins Herz geschlossen. Am Tag, als sie aus der Somerville Street auszogen, weinte sie. Sie zogen in ein eigenes Haus, und Rose brachte es fertig zu weinen. Als er sie fragte, was ihr fehle, stammelte sie nur: »Nichts. Ich kann nichts dafür. Ich kann nichts dafür.«

Allem Anschein nach war sie über das neue Haus sehr froh gewesen, und er konnte nicht begreifen, was plötzlich in sie gefahren war. Er selbst hatte sich Sorgen, finanzielle Sorgen, gemacht und sich gefragt, ob sie sich etwa zu hohe Ausgaben aufgehalst hatten, und ihre Tränen hatten ihn zermürbt.

Als sie, es war ihr erster Sonntag im eigenen Haus, beim Abendessen saßen, hatte sie plötzlich den Kopf in die Hände gelegt und von neuem zu weinen begonnen. »Ach, ich wünschte, wir wären dort geblieben. Es war so schön da. Ich wünschte, wir hätten dort bleiben können.«

Er hatte die Beherrschung verloren und ihr gesagt, seit ihrer Heirat sei ihnen ein Fehler nach dem anderen unterlaufen, vielleicht sei das Ganze ein Fehler gewesen, auch die Heirat, vor allem die Heirat, und was sie eigentlich damit sagen wolle, daß sie wünschte, sie seien dort geblieben, was eigentlich in ihr vorgehe, jetzt sei sie doch besser dran als je zuvor in ihrem Leben.

Es war ein miserabler Tag gewesen, jener erste Sonntag im eigenen Haus. Es hatte so kalt, so kahl und unwirtlich gewirkt, selbst nachdem sie die Schlafzimmergarnitur und die übrigen Möbel, die sie damals besaßen, eingeräumt hatten – eine unvollständige Wohnzimmergarnitur, den gelben Küchentisch und die Küchenstühle. Dennoch hatte das Haus kahl und armselig gewirkt, und selbst ihm war der Weg vom Stephen's Green beim Umzug weit und traurig vorgekommen. Wieder hatte er sich gefragt, ob sie sich vielleicht zuviel vorgenommen hatten, aber nach seinem Wutausbruch hatte er sich wieder gefaßt, und als sie mit dem Abendessen fertig waren, hatte er vorgeschlagen, mit der Straßenbahn in die Stadt zu fahren, zum Stephen's Green, und wie früher im Park spazierenzugehen. Aber es war nicht dasselbe, wenn man mit der Bahn hin- und wieder zurückfahren mußte – es war, als wären sie jetzt Besucher in einer Gegend, die früher ihnen gehört hatte.

Die schlimmste Erinnerung an jenen Unglückstag aber war der Ausdruck des Entsetzens, der über Roses Gesicht huschte, als er sie so grob anfuhr. Das Entsetzen, die Kränkung in ihrem Gesicht hatten ihn schockiert. Er hatte sie doch nur aus verständlicher Wut und Ungeduld angegriffen – zumindest redete er sich das ein –, in Wirklichkeit aber hatte er sie zermalmt. Es brauchte nicht viel, und sie ließ sich in die Knie zwingen. Vor ihr stand ihr voller Teller, aber sie aß nur wenig, vielmehr beugte sie sich die ganze Zeit darüber wie ein gezüchtigtes Kind oder wie ein geprügelter Hund, der den Schwanz einzieht. Dann überließ er sie dem Abwasch, und als er seine Fassung wiedergefunden hatte und in die Küche hinunterkam, um ihr den Spaziergang im Park vorzuschlagen, stand sie vor der Spüle und stopfte sich die Reste von ihrem Teller in den Mund. Als er in der Küchentür erschien, drehte sie sich in panischem Schrecken um und verdeckte den Teller, um zu verbergen, daß sie von ihm aß, und er machte kehrt und ging wieder nach oben, als habe er nichts bemerkt.

Er verstand sie einfach nicht – ihre Heimlichtuerei, ihre Verstohlenheit, die Art, wie sie, sobald er das Zimmer betrat, in ihrer Tätigkeit innehielt und sich beeilte, etwas anderes zu tun, als ob ihr das, was sie tat, verboten sei. Sie fürchtete sich vor ihm und machte keine Anstalten, ihre Furcht zu verhehlen, ganz gleich, was er sagte. Dabei riet er ihr doch nur, die Dinge und das Leben nicht so schwer zu nehmen – Bemerkungen dieser Art, um sie zu beruhigen. Aber sie fürchtete sich vor ihm, darin lag die ganze Schwierigkeit, und jedesmal überstieg es seine Kräfte. Und deshalb gab er allmählich oder letztendlich – er hätte nicht sagen können, wie es dazu kam – jeden Versuch einer Beziehung mit ihr auf.

Jeder, der ihnen begegnete, sah ihr an, daß sie sich vor ihm fürchtete – zumindest glaubte Hubert, daß jeder, der ihnen begegnete, ihr die Furcht ansah –, und das war ungerecht, da er nicht die Sorte Mann war, vor der man sich fürchten mußte. Manchmal benahm sie sich wie eine Frau, die an einem Ort gefangen war, an dem sie nicht sein wollte, zusammen mit einem Menschen, vor dem sie Todesängste ausstand und der sie nicht bei sich haben wollte. Es gab Zeiten, da war ihr Gesicht nicht das Gesicht eines normalen Menschen. Irgendwann beschloß er, nicht mehr darüber nachzudenken – über ihre Angst oder was immer sonst mit ihr los war.

Als das Kind zur Welt kam, war sie um vieles glücklicher und schien gefaßter, aber dann ging sie ganz in dem Kind auf. Die Art, wie sie sich von John abhängig machte, noch ehe er groß genug war, um laufen zu können, war ungesund und grundverkehrt. Danach sorgte sie dafür, daß auch John sich vor ihm fürchtete. Hubert hörte sie schwatzen, doch sobald er die Tür öffnete und das Zimmer betrat, in dem sie sich aufhielten, verstummten sie beide. Er ertappte sie dabei, wie sie Blicke wechselten, von denen er ausgeschlossen war. Und wenn sie das Kind schelten wollte, machte sie es sich zur Gewohnheit zu sagen: »Dein Daddy mag das nicht, Johnny« oder »Dein Vater würde sich das nicht von dir gefallen lassen, Johnny«. Als ob er, Hubert, der stumme Vater, der nie ein unfreundliches Wort zu dem Kind sagte und nie Gelegenheit hatte, mehr als »Guten Morgen«, »Gute Nacht« und »Fröhliche Weihnachten« zu wünschen – als ob er der einzige gewesen wäre, dem es nicht gefiel, was das Kind gerade trieb.

Wie Hubert vermutete, wußte sie ganz genau, daß zwei Dinge ihr Macht verliehen: ihre Furcht vor ihm und seine Furcht, ihre Gefühle zu verletzen; aber nie ging er soweit, sie wegen dieser Macht zur Rede zu stellen oder auch nur wegen seines anderen Verdachts – daß sie einen gewissen Genuß daraus zog, ihn zu reizen. Nie konnte er sich dazu durchringen, zu sagen: »Du hast Angst vor mir. Ich weiß nicht, warum du Angst vor mir hast. Ich finde, du solltest dich bemühen, sie zu überwinden. Es ist nicht recht, weder mir noch dir noch dem Kind gegenüber. Und ich glaube, du findest Befriedigung darin, Angst vor mir zu haben. Ich glaube, du weißt ganz genau, was du tust – das Kind dazu zu bringen, Partei für dich zu ergreifen, wenn es gar keinen Grund gibt, überhaupt Partei zu ergreifen. Ich mag solche Spielchen nicht. Nicht im geringsten. Ich wünschte, du würdest dich dazu entschließen, mit diesem Unsinn aufzuhören. Ich wünschte, du würdest damit Schluß machen. Jedesmal, wenn ich ins Zimmer komme, zuckst du zusammen und rennst hinaus. Das muß ein Ende haben. Es muß ein Ende haben. Ein Ende haben.«

Aber immer, wenn er in Gedanken an diesen Punkt gelangte, mußte Hubert an sich halten, weil er merkte, daß seine Wut auf sie nicht zu bändigen war. Diese Wut war grauenhaft, weil es keine Möglichkeit zu geben schien, sie an jemandem auszulassen. Es war eine Wut, die danach verlangte, hohe Mauern einzurennen oder große, hoch aufragende, wertvolle Dinge umzustoßen, die mit einem schrecklichen Krach zu Boden fielen. Nur befand sich das, was er wirklich zertrümmern wollte, außer Reichweite, und er wußte ja nicht einmal, was es war, doch wenn er an Dinge außerhalb seiner Reichweite dachte, die er zerschmettern würde, wenn er sie nur zu fassen bekäme, ging es ihm gleich besser. Aber es gab keine Möglichkeit, mit ihr zu reden. Das kleinste Wort faßte sie als Vorwurf auf, und wenn er einen Versuch unternahm, mit ihr zu reden, ihr vernünftig zuzureden, endete es nur damit, daß er sich schämte und seiner und ihrer überdrüssig wurde. Inzwischen allerdings war es schon lange her, daß er irgendeine Anstrengung unternommen hatte, herauszufinden, was ihr fehlte oder weshalb sie so unglücklich war. Gehorsam, nachgiebig und sanft, überlistete sie ihn noch jedesmal. Sie fügte sich ihm. Sie fügte sich ihm in allem. Ihre Fähigkeit nachzugeben kannte offenbar keine Grenzen, und er war davon überzeugt, daß sie sich ihm ohne jedes Wenn und Aber immer wieder fügen und nicht die geringsten Anstalten machen würde, sich durchzusetzen. Es gab etwas in ihr, wogegen er nicht ankam oder das er nicht ausfindig machen konnte, aber er wußte nicht, was es war oder was ihr fehlte.

Was sie verriet oder eben auch nicht verriet, je nachdem wie man es betrachtete, waren ihre Augen. Sie hatte die Augen und die Gesichtszüge ihres Vaters. Das hatte ihre Mutter ihm erzählt. Als er Rose das erste Mal gesehen hatte, hatte sie hinter der Theke des kleinen Ladens gesessen, den ihre Mutter in einem Raum des Hauses, einem früheren Wohnzimmer, betrieb. Man trat durch die Eingangstür, wandte sich nach rechts, und schon stand man in dem Laden. Damals war Rose zwanzig Jahre alt gewesen und ihr Haar von einem ganz hellen, sonnigen Braun. An jenem Tag war es ihm aufgefallen, weil sie den Kopf über eine Häkelarbeit gebeugt hielt, an der sie gerade arbeitete, und die Sonne durch das quadratische Fenster hinter ihr direkt auf ihr Haar schien. Sie hatte es zu einem Knoten hochgesteckt, eine Frisur, die nicht zu ihrem Alter paßte und ihr ein zu schlichtes, ruhiges Aussehen verlieh. In ihrem Schoß lag ein Stück Stoff, ein großes Taschentuch, ein Stück von einem Kopfkissenbezug oder dergleichen, und als sie ihn sah, ließ sie die Häkelarbeit auf das Tuch sinken, faltete dieses zu einer kleinen Tüte zusammen, stand auf und lächelte ihn an, alles zur gleichen Zeit. Sie schien sehr froh, ihn zu sehen. Er fand, daß sie hübsch aussah, mit einem offenen Gesicht wie ein Kind. Bei diesem offenen Gesicht und ihrer fügsamen Natur hätte sie blaue Augen, klare blaue Augen, haben sollen, aber ihre Augen waren grün, von der Farbe des Seegrases, ein tiefes Grün, nicht dunkel, aber wolkenverhangen.

Er bat sie um eine kleine Schachtel Zigaretten. Sie griff in das Regal neben ihr, nahm sie herunter und legte sie auf den Ladentisch, dann hob sie sie gleich wieder auf, öffnete die Schachtel und zählte die Zigaretten ab. Sie zählte sie flüsternd, dann sagte sie: »Sechs«, und zeigte ihm die geöffnete Schachtel.

»Sind da nicht immer so viele drin?« fragte er.

»Ich muß sie zählen«, erwiderte sie kleinlaut, »sonst frißt mich meine Mutter. Neulich kam ein Mann herein und nahm eine Schachtel Zigaretten wie die hier, und ehe ich mich's versah, kam er zurück und beschwerte sich darüber, daß nur vier Zigaretten in der Schachtel wären. Und ich wußte nicht, was ich tun sollte. Ich habe ihm eine zusätzliche Zigarette gegeben, aber als ich es meiner Mutter erzählte, wurde sie böse und sagte, er hätte mich übers Ohr gehauen. Deswegen muß ich sie jetzt immer abzählen.«

Hubert lächelte sie an, fand es aber nicht erstaunlich, daß jemand sie übervorteilt hatte. Er dachte noch an sie, als er die Straße entlangging, da hörte er, wie sie ihm etwas nachrief (»Warten Sie einen Moment, warten Sie einen Moment!«) und hinter ihm hergerannt kam, und als er sich umdrehte, hatte sie ihn bereits eingeholt.

»Ich wollte Ihnen nur sagen, daß ich die Schachtel für jeden aufmachen muß«, sagte sie, »nicht nur für Sie.«

»Ich weiß«, gab er zurück. »Das haben Sie mir schon gesagt.«

»Ich hatte nur Angst, ich hätte vielleicht Ihre Gefühle verletzt«, sagte sie.

»Aber nicht doch. So leicht sind meine Gefühle nicht zu verletzen«, sagte er und fand sie zu nervös. Es gefiel ihm nicht, daß sie ihm so auf der Straße hinterherrannte und die Aufmerksamkeit auf ihn lenkte.

Rose, ihre Mutter und ihr kleiner Bruder Jimmy verbrachten die Abende in dem Raum am Ende der Diele – einer großen, düsteren Küche, die ganz aus Türen zu bestehen schien und nur eine Fensteröffnung hatte, die auf ihren kleinen, von hohen Mauern eingefaßten Hinterhof ging. Die Mutter saß stets in einem hölzernen Lehnstuhl neben dem Kamin. Rose saß auf einem geraden Stuhl an einem Tisch in der Mitte, und Jimmy lümmelte sich auf einer Holzbank unter dem Fenster. Damals war Jimmy fünfzehn, ein schweigsamer Junge, der jedesmal lächelte, wenn man ihn ansah. Wie Rose behielt er ständig seine Mutter im Auge. Rose pflegte wie ein braves Kind in dieser Küche zu sitzen und sprach kaum. An dem Abend, als sie beschlossen zu heiraten, saß Hubert ihr gegenüber am Tisch, und selbst da sprach sie kaum, sondern beobachtete ihn nur. Selbst wenn sie vorgab, auf den Tisch oder den Kamin zu schauen, wußte er doch, daß sie ihn beobachtete.

Roses Mutter war eine Frau, die wußte, was sie wollte. Sie kannte den Unterschied zwischen Recht und Unrecht und tat offen ihre Meinung kund. Sie ließ nicht mit sich spaßen, und als sie an jenem Abend alle beisammensaßen, sagte sie: »Ich hoffe, Sie wissen, was Sie tun, Hubert. Es ist keine Kleinigkeit zu heiraten. Schließlich ist es nicht damit getan, einem Mädchen den Ring an den Finger zu stecken. Man sagt, ein junges Mädchen kann sich um seine Chancen bringen, aber ebenso leicht kann sich auch ein junger Mann um seine Chancen bringen. Ich weiß nicht, ob Sie und Rose einander gut genug kennen. Sie sollten noch ein bißchen darüber nachdenken, Sie und Rose. Sie sollten eine Weile abwarten und nicht übereilt handeln. Sie sollten die Sache nicht überstürzen. Sie sollten sich Zeit lassen, für den Fall, daß Sie es sich anders überlegen. Lieber jetzt überlegen, bevor es zu spät ist. Rose ist wankelmütig. Von einer Minute auf die andere besinnt sie sich anders. Sie weiß nie, was sie von einem Augenblick zum nächsten denkt. Was sie denkt, hängt davon ab, wer gerade mit ihr spricht. Sie ist noch ein Kind. Sie sollten sich vergewissern, daß Sie festen Boden unter den Füßen haben, ehe Sie den entscheidenden Schritt tun. Nun, ich weiß, was du denkst, Rose. Daß ich gefühllos bin. Ich bin nicht gefühllos. Aber ich kenne dich. Sie sind ein junger Mann, Hubert, der niemanden hat, der ihm raten kann. Ich bin älter und klüger, und obwohl Rose meine Tochter ist, möchte ich doch, daß Sie wissen, daß mir Ihr Wohlergehen ebenso am Herzen liegt wie Roses. Und sie ist unbeständig. Sie kann nichts dafür. Es ist ihr Naturell. Ich glaube, Sie sollten eine Weile darüber nachdenken.«

»Ach, Mutter, sprich doch nicht so mit ihm«, rief Rose. »Das ist nicht fair. Jetzt hat er einen schlechten Eindruck von mir. Das ist wirklich nicht fair.«

»Keine Widerrede, Rose«, sagte ihre Mutter. »Und um zu beweisen, daß ich recht habe, will ich Hubert ein Beispiel dafür geben, wovon ich rede.«

»Jetzt ist alles verloren«, flüsterte Rose.

»Was ich meine, ist dies«, fuhr ihre Mutter fort. »Und ich erzähle es Ihnen nur deswegen, Hubert, damit Sie im Bilde sind und niemand sich hinter Ihrem Rücken über Sie lustig macht. Kennen Sie die Gasse hinter der Volksschule drüben in der Patrick Street? Nun, Sie werden sie nicht kennen, da Sie fremd sind, aber es gibt sie, und am unteren Ende findet sich nichts als ein leerstehender Stall mit einer aufgebrochenen Tür. Die Tür wurde vor etwa einem Jahr aufgebrochen, als eines Nachts ein paar Rowdys in den Stall eindrangen, niemand weiß, wozu, und man will es auch gar nicht wissen. Man hat nie herausgefunden, wer es war, obwohl wir alle unseren Verdacht haben. Diese Gasse würde kein anständiges Mädchen allein hinuntergehen, und wenn sie einen Funken Anstand im Leibe hat, bei Nacht auch in Begleitung nicht. Aber am 10. Juni hat sich Rose, als ich ihr eben den Rücken kehrte, hinausgeschlichen und mehr als zwei Stunden lang, von halb neun bis nahezu elf Uhr abends, an diesem Stall gewartet, und zwar auf einen jungen Burschen aus der Straße hier. Einen jungen Burschen? Einen jungen Gauner, der nicht gut genug ist, daß Rose ihre Stiefel an ihm abtritt, oder jedenfalls nicht gut genug war, bis sie ihm erlaubte, seine Stiefel an ihr abzutreten.«

»Mutter!« rief Rose.

»Genau das hat er doch getan«, sagte die Mutter. »Und der Grund, weshalb sie dort hinging und wartete, war der: Er kam hier in den Laden und erzählte ihr, er hätte mit einigen von seinen Kumpeln eine Wette darüber abgeschlossen, daß sie sich dort mit ihm treffen würde, und er sagte, wenn sie sich nicht dort mit ihm trifft, dann wird er seinen Wochenlohn einbüßen und sich obendrein zum Gespött der Leute machen. Und natürlich ist sie, ohne zweimal zu überlegen oder mich zu fragen, in ihren besten Schuhen aus dem Haus gegangen und hat zwei Stunden lang herumgestanden. Einfach herumgestanden. Und auf ihn gewartet. Jedes andere Mädchen auf der Welt hätte gewußt, was sich gehört, aber doch nicht dieses arme, dumme Ding. So hatte er seine Wette gewonnen, und sie wird es nie verwinden. Die haben sich geschüttelt vor Lachen. Und ich werde es nie verwinden, und dem armen Jimmy hat's das Herz gebrochen, so wie sie sich in der Schule über ihn lustig gemacht haben. Das alles hat sie angerichtet. Sie hat's aus Weichherzigkeit getan, ich weiß, und ich weiß auch, daß sie's nicht böse gemeint hat, aber es schickt sich nicht für ein Mädchen, so dumm und unachtsam zu sein und so wenig Respekt vor sich selbst und ihrer Familie zu zeigen. Das wollte ich Ihnen sagen. Ich wollte nicht, daß sie es Ihnen verheimlicht.«

»Das mußtest du ihm nun wirklich nicht erzählen, Mutter«, sagte Rose. Mit gesenktem Kopf weinte sie leise vor sich hin, und am liebsten hätte er über den Tisch gegriffen und ihre Hand genommen, aber er hatte Angst, ihre Mutter könnte erraten, daß die Berührung ihrer Hand ihm bereits vertraut war. Er hatte Angst vor ihrer Mutter.

»Und ob ich das mußte, Rose«, entgegnete ihre Mutter. »Und du brauchst gar nicht so zu weinen. Schließlich bist du kein Kind mehr. Du redest vom Heiraten und willst beweisen, daß du zum Heiraten vernünftig genug bist. Deshalb sage ich ja, daß ihr es noch eine Weile überdenken solltet, alle beide, bevor ihr euch irgendwelche Versprechen gebt. Überdenkt es noch eine Weile. Einen Monat, oder vielleicht eine Woche. Vielleicht wäre es gut, wenn Sie eine Woche oder so wegblieben, Hubert, um noch einmal darüber nachzudenken. Und auch Rose kann noch einmal nachdenken.«

»In einer Woche werde ich wieder in Dublin sein«, erwiderte Hubert.

Rose wandte sich um und sah ihn an, und er musterte sie über den Tisch hinweg. Er wußte, jetzt wäre es an ihm gewesen zu sagen, sein Entschluß stehe unverrückbar fest. Ihre Augen waren scheu und ängstlich, aber sie hielt seinem Blick stand und sah aus, als würde sie lächeln. Sie war überzeugt, er werde ihrer Mutter sagen, daß sein Entschluß feststehe, daß der Bursche, der seinen Schabernack mit ihr getrieben habe, einen Fußtritt verdiene, daß er, Hubert, nicht den leisesten Zweifel an seinen Absichten hege und daß sie bei der erstbesten Gelegenheit gemeinsam zum Priester gehen und so bald wie möglich das Aufgebot bestellen würden. Er könne nicht die ganze Zeit von Dublin anreisen. Und er begehre sie zur Frau, aber damit, daß er diesen Gedanken aussprach, rechnete Rose nicht.

Aber Hubert glaubte, daß sie so gut wie sein war. Zusammen mit ihm würde sie das Haus ihrer Mutter verlassen, oder sie würde dableiben und auf ihn warten. Sie würde tun, was immer er sagte. Ganz gleich, was er sagte oder tat, sie würde sich nicht beklagen oder ihm widersprechen. Und er hatte Zeit. Und er wollte, daß ihre Mutter ihn für einen verantwortungsbewußten Mann hielt, der abwog, Vernunft walten ließ und nicht irgendeiner Laune oder Eingebung folgte. Er wandte den Blick von Rose und sah ihre Mutter an.

»Vierundzwanzig Stunden«, sagte er. »Entweder komme ich morgen abend wieder oder nie. Ich werde die Sache überschlafen.«

Daraufhin blickte er Rose mit einem komplizenhaften Grinsen an, doch ihr Gesichtsausdruck hatte sich verändert. Er war getrübt und vor Staunen verzerrt, und sie sah töricht und grausam aus. Rasch blickte sie ihre Mutter an, die sie mit ruhigem Triumph musterte.

»So sei es«, sagte die Mutter. »Es ist nicht lange genug, aber ich sehe, daß Sie wissen, was Sie tun. An dem Abend, als sie aus dem Haus ging, war ich außer mir und machte mir Sorgen, was mit ihr geschehen war, und als sie zurückkam und ich hörte, was sie getan hatte, habe ich sie mir vorgeknöpft. Ich hätte sie umbringen können. Schließlich habe ich sie gefragt, was sie zu ihrer Entschuldigung vorzubringen habe, und wissen Sie, was sie mir geantwortet hat? Sie hat gesagt: ›Aber Ma‹, hat sie gesagt, ›wenn ich nicht erschienen wäre, hätten ihn alle ausgelacht.‹ Haben Sie so was schon mal gehört? Ihn hätten alle ausgelacht, aber das konnte sie natürlich nicht zulassen, o nein, ihn durften sie nicht auslachen, obwohl sie den Burschen kaum kannte, außer vom Sehen, und um das Gesicht zu wahren, sein Gesicht, mußte sie sich ihrem Gelächter aussetzen, schlimmer noch, ihrem Gelächter und ihrem Gerede. Ich weiß nicht, was man ihr nicht alles nachgesagt hat. Am folgenden Sonntag und am Sonntag darauf mußte ich sie zwingen, zur Messe zu gehen. Aber sie wollte nicht, daß er ausgelacht würde. Und sie glaubte, das sei Grund genug gewesen, sich so zu benehmen, wie sie's getan hat.«

Stephen's Green ist von hohen Eisengeländern eingeschlossen und auf allen vier Seiten von breiten, verkehrsreichen Straßen umgeben. Mr. Derdon war auf dem gegenüberliegenden Bürgersteig die Westseite und die Südseite des Parks entlangspaziert, vorbei an den Stadthäusern mit ihren gewaltigen Fassaden, von denen Rose so beeindruckt gewesen war, als sie sie zum ersten Mal gesehen hatte. Inzwischen lief er die Ostseite entlang, am St. Vincent's Hospital und am College vorbei, und fand sich an der Ecke zur Somerville Street wieder. Hier blieb er stehen und blickte die enge graue Straße hinunter, die am unteren Ende von drei Häusern abgeschlossen wurde. In einem der Häuser auf seiner Seite der Straße hatten Rose und er ihren ersten Hausstand gegründet. An die Hausnummer konnte er sich nicht mehr erinnern, und er war nicht geneigt, hinzugehen und nachzusehen, ob ihm das Haus noch bekannt vorkäme, er wußte aber, es war das vorletzte am Ende der Zeile.

Ein Freund von ihm, ein Mann, der ihm damals ein guter Freund gewesen war, hatte ihm geholfen, die Wohnung zu finden. Frank Guiney, ein gutherziger Kerl. Frank und er waren dicke Kumpel gewesen, aber Frank war nach England gegangen, um dort sein Glück zu versuchen. Hubert fragte sich, ob Frank wohl je wieder zurückgekommen war. Bis auf ein paar Postkarten in den Wochen nach seiner Abreise hatte er nie wieder von ihm gehört. Frank war ein großartiger Freund gewesen. An dem Abend, als Hubert und Rose in Dublin ankamen, hatte Frank sie vom Bahnhof in der Westland Row abgeholt, und gemeinsam waren sie zur Somerville Street gelaufen. Hubert und Frank hatten das Gepäck getragen, Rose nur einen Korb, gefüllt mit Lebensmitteln – Tee, Zucker und dergleichen –, die ihre Mutter in letzter Minute aus dem Laden geholt hatte. Sogar eine Flasche Milch war dabei, da ihre Mutter behauptete, in Dublin gebe es keine vergleichbare. Rose hatte den Lebensmittelkorb nicht mitnehmen wollen. Es war ihr peinlich gewesen, ihn zu tragen, und im Zug hatte sie, um die kleinen Tüten und Päckchen zu verdecken, mit denen er angefüllt war, ihren Mantel darübergebreitet. Aber als sie aus dem Bahnhof traten und sie zwischen Frank und ihm die Straße entlangging, trug sie ihn ganz unbefangen und lächelte dabei. Frank beschwerte sich, Hubert habe wohl eine reiche Erbin geehelicht, er habe so schwer zu tragen. Frank war sehr lustig an jenem Abend. Er sagte, der Koffer, den er trage, sei bestimmt mit Nippes vollgestopft, so schwer sei er.

»Porzellannippes«, rief Frank. »Porzellankatzen und Porzellanhunde und riesige Porzellanpferde. Was wollen Sie mit so viel Zierat, Rose? Wie?? Ist Hubert nicht Zierde genug für Sie? Nehmen Sie sich in acht, daß Sie ihn nicht aus Versehen auf den Kaminsims stellen.«

Rose hatte sich ausgeschüttet vor Lachen. Dann, als sie in der Somerville Street waren, fragte sie: »In welchem der Häuser werden wir wohnen?« Und Frank schwenkte eines der Pakete, das er trug, bis er vor lauter Alberei beinahe alles hätte fallen lassen, und sagte: »Nur im besten.« Als sie zu dem Haus gelangten, mit einer steinernen Freitreppe, einer zerkratzten und eingedellten dunkelgrünen Tür und einem Sprung im Oberlicht, stellte Frank alles, was er in der Hand hielt, auf dem Boden ab und reckte sich, um sich vor dem langen Aufstieg etwas zu erholen.

Frank sah Rose an und sagte: »Sie lächelt und lächelt und lächelt.« Offensichtlich sehnte Rose sich danach, das Haus zu betreten und nach oben zu gehen, um endlich die Zimmer zu sehen, aber gehorsam und vergnügt blieb sie stehen, während die beiden Männer sie betrachteten.

»Sie lächelt und lächelt und *lächelt*«, rief Frank, dann fragte er Hubert: »Hört sie denn nie auf zu lächeln?« Und Hubert antwortete: »Nie.«

Als Hubert jetzt an der Ecke zur Somerville Street stand und die Häuserfronten entlangblickte, um festzustellen, in welchem Haus Rose und er gewohnt hatten, sah er sie wieder vor sich, wie sie an jenem Abend zu dritt dagestanden hatten, aber das Wort, das ihm im Kopf herumging, lautete Qual. Qual Qual Qual ging ihm im Kopf herum, während er die drei Gestalten beobachtete, die ein paar Häuser und mehr als dreißig Jahre von ihm entfernt standen, und er beobachtete sie so lange, bis die Vision ihn blendete und seine Augen sich mit Tränen füllten. Rasch wandte er sich von der Somerville Street ab und setzte seinen Weg in Richtung Shelbourne Hotel fort. Furchtbar, woran man sich alles erinnert, dachte er; es ist lange her, daß ich hier herumspaziert bin. Es nützt nichts, sich an jene Zeiten zu erinnern, dachte er, gleichzeitig aber dachte er, daß es auch nichts schadet, sich daran zu erinnern. An jenem Abend waren sie gesegnet gewesen, Rose und er, und auch Frank. Sie hatten im Zustand der Gnade dagestanden. Und dann hatte Frank sich und seinen Zierat aufgerafft, und zu dritt waren sie mit fliegenden Fahnen ins Haus und die Treppe hinauf marschiert.

Und heute war Rose in demselben Alter wie ihre Mutter an jenem Abend. Neugierig warf Hubert einen Blick in den Park, und dann noch einen. Wie viele Jahre war es her, daß er sich zuletzt darin aufgehalten hatte? Zehn oder mehr? Er konnte sich nicht erinnern. Vielleicht sollte er die Straße überqueren und für eine Minute in den Park gehen, herausfinden, ob sich etwas verändert hatte. Er genoß seinen Spaziergang. Die Bewegung tat ihm gut, aber er wünschte, er hätte in einer seiner Hände eine Zeitung halten können. Wenn seine Hände leer waren, schienen sie ihm immer in die Quere zu kommen. Er hatte die Hände in den Hosentaschen. Wenn er mit dem Spazierengehen ernst machen wollte, sollte er einen Spazierstock dabeihaben. Ein Spazierstock war nur natürlich, wenn man spazierenging. Ein Spazierstock oder eine Zeitung. Alles andere war lästig.

Als John sein Elternhaus verlassen hatte, war Rose so in Schwermut versunken, daß er ihr in dem Bemühen, sie abzulenken, eines Abends eine Hyazinthe mitgebracht hatte, und als er mit der Pflanze in den Händen aus dem Blumenladen getreten und die Straße entlanggegangen war, war er sich so töricht und so auffällig vorgekommen wie noch nie in seinem Leben. Die Verkäuferin hatte sie in rosafarbenes Papier eingewickelt und das Papier zu einem hohen Kegel gefaltet, so daß sie viel größer und viel zu festlich wirkte. Er hatte versucht, sie in einer Hand zu tragen, sie aber nicht balancieren können. Er hatte eine blaue Hyazinthe ausgesucht, die in voller Blüte stand, und war sehr besorgt, daß sie nicht zerquetscht wurde oder abbrach. Mit der Pflanze in beiden Händen geriet die Fahrt mit der Straßenbahn zu einer heiklen Angelegenheit, und wie der Zufall es wollte, mußte er ausgerechnet an diesem Abend die ganze Zeit über stehen. Als er nach Hause kam, war er fast wütend. Ehe er ins Haus trat, entfernte er das rosa Papier, dann stellte er die Hyazinthe mitten auf den Eßzimmertisch, wo sie ihr sofort auffallen mußte, wenn sie zur Tür kam, um ihn zum Abendessen zu rufen. Sie war hereingekommen, und er hatte so getan, als habe er gar nicht bemerkt, daß etwas anders war als sonst, und sie hatte gesagt: »Was in aller Welt?«, die Hyazinthe vom Tisch genommen und, um sie zu halten, einen Arm um sie geschlungen, während sie mit der freien Hand die Stelle befühlte, wo die feuchte Pflanze ohne irgendeinen Untersetzer auf dem Tisch gestanden hatte. »Oh, Hubert«, sagte sie, »eine schöne Hyazinthe. Ist das nicht ein wunderbares Blau? Aber sie braucht Wasser. Und ich werde sie in einen größeren Topf setzen. Draußen im Schuppen habe ich einen, der Topf, in dem die armen Rosengeranien vertrocknet sind. Nach dem Abendessen hole ich ihn. Ich werde einen günstigen Standort für sie finden müssen, wo sie genügend Sonne abbekommt.« Während sie von der Hyazinthe sprach und was sie alles für sie tun werde, hatte sie trotz der Traurigkeit, die ihrem Gesicht zu dieser Zeit anhaftete, ein leises Lächeln auf den Lippen, ein schwaches, verschlossenes, verschwiegenes, fast könnte man sagen, halb befriedigtes und fast triumphales Lächeln. Danach fiel sie natürlich gleich wieder in jene immerwährende Aufmerksamkeit zurück, mit der sie Johns Abwesenheit bedachte. Daß er fortgegangen war, um der Kirche zu dienen, der sie sich selbst so hingebungsvoll widmete, tat ihren Gefühlen keinen Abbruch und war ihr kein Trost.

Hubert fragte sich, was wohl aus der blauen Hyazinthe geworden war, ob sie in dem neuen Topf, in den Rose sie umgesetzt hatte, gediehen oder verwelkt war, ob sie sie später in den Garten gepflanzt hatte oder was. Er war sicher, daß er Hyazinthen auch im Freien hatte wachsen sehen. Vielleicht wuchs dieselbe Hyazinthe jetzt in ihrem Vorgarten oder an einem sonnigen Fleck im hinteren Garten. Falls ja, war sie dort größer geworden und würde sie jedes Jahr blühen? Heute abend würde er sie nach der Hyazinthe fragen, aus reiner Neugier.

Für ein Mädchen, das in einer Stadt aufgewachsen war, bewies Rose ein ungewöhnliches Interesse an Gartenarbeit und ein feines Gespür für Blumen. Ihre beiden Gärten, der kleine vor dem Haus und der größere dahinter, waren immer herrlich anzuschauen. Selbst im Winter gelang es ihr, in ihrem Garten etwas wachsen zu lassen, das die Aufmerksamkeit sofort gefangennahm. Selbst im Winter erweckten die Beete den Anschein von Ordnung und Formgebung, sie sahen aus, als folgten sie einem Muster, das eigens für sie, für diese besonderen Beete, und nie für andere Beete in anderen Gärten entworfen worden war. An den Parkanlagen des Stephen's Green hatte Rose sich berauscht. Sie sagte, so etwas wie diesen Park hätte sie sich nie vorstellen können. Hubert hatte eine Erinnerung daran, wie sie einmal in einem marineblauen Rock und mit einer langärmeligen weißen Bluse, aber ohne Jacke dort spazierengegangen war. Es mußte ein sehr warmer Tag gewesen sein. Zu dem marineblauen Rock gehörte eine passende Jacke. Diese Kombination nannte sie ihr Kostüm, und es war ihr Hochzeitskleid gewesen.

An jenem Nachmittag war der Park voller Mütter, Kindermädchen und Kinder. Die Frauen saßen auf den Bänken, die die Wege säumten, unterhielten sich miteinander und beobachteten, bewunderten, rügten und riefen die Kinder. Diese rannten überall umher. Er und Rose bummelten den Weg entlang. Sie waren das Miteinander noch nicht gewohnt.

Rose sagte: »Eben habe ich gedacht, wie schön es ist, verheiratet zu sein.«

Hubert sah sie an, aber sie erwiderte seinen Blick nicht.

Sie fuhr fort: »Ich kann mir nicht vorstellen, daß jemand, der verheiratet ist, je eine Sünde begehen würde. Ich weiß nicht, was für eine Sünde ein verheirateter Mensch begehen könnte. Mir fällt nicht das geringste ein, was ich dem Priester zu gestehen hätte, wenn ich in diesem Augenblick zur Beichte ginge. Nichts ist mehr Sünde. Ist das nicht komisch?«

Hubert heftete die Augen auf den Weg. In sein Blickfeld rannten Kinderbeine und verschwanden wieder, da die kleinen Jungen und Mädchen auf dem Weg und zwischen den Bänken Fangen spielten. Er mußte ausweichen, um nicht ein ganz kleines Mädchen in weißem Kleid und weißen Stiefeln umzustoßen, das langsam und unsicher den Weg entlangstapfte und sich aufrechthielt, indem es mit weit geöffneten Armen die Luft vor sich umschlang. Als Hubert beiseite trat, um dem Kind auszuweichen, sah er neben sich Roses Rock wippen. Im Sonnenlicht wirkten ihre schmalen Hüften in dem marineblauen Rock herrisch und fremd, aber sie war sein, und wenn man Hubert in diesem Moment gesagt hätte, die schöne Helena sei zur Erde zurückgekehrt und nenne sich Rose, er hätte es nicht abgestritten. Hinter ihm kreischte eine Frau: »Komm sofort hierher, Paddy Mernagh, daß ich dir den Hals umdrehe!« Hubert dachte an Rose und an die Zukunft, und alle seine Gedanken galten der Unschuld und der Notwendigkeit, genug zu verdienen, damit sie den Kopf hochhalten konnten und nie jemandem Dank schulden müßten, so lange sie lebten.

Hubert näherte sich der Mündung der Grafton Street, von wo aus er seinen Spaziergang um den Platz angetreten hatte, und dachte abermals, daß er, wenn er Zeit hätte, hinübergehen und einen

Blick in den Park werfen könnte, um zu sehen, was für Veränderungen darin vorgenommen worden seien. In all den Jahren war er nicht mehr dagewesen. Er fragte sich, weshalb er John, als dieser noch klein war, nie mit in den Park genommen hatte. Vielleicht hatte Rose ihn ja mitgenommen. Vielleicht, wenn sie in der Stadt waren, um einzukaufen. Es wäre jammerschade, wenn John nie im Park gespielt hätte, aber er war sich fast sicher, daß es dazu nie gekommen war. Rose würde er nicht danach fragen. Falls John nie zum Spielen in den Park mitgenommen worden war, wollte Hubert es nicht wissen. Inzwischen bereute er, daß er versucht hatte, sich an die genaue Anzahl der Jahre zu erinnern, die verronnen waren, seit er den Park zuletzt betreten hatte. Es war vor dreiunddreißig Jahren gewesen. Seit jenem letzten Sonntag, an dem er mit Rose hingegangen war, ihrem ersten Sonntag im eigenen Haus, war er nicht mehr dagewesen. Es schien unvorstellbar, daß jemand dreißig Jahre seines Lebens in Dublin verbringen konnte, ohne auch nur einmal Stephen's Green zu betreten, aber er war ein Gewohnheitsmensch, und nach Feierabend fuhr er immer geradewegs nach Hause. Dreiunddreißig Jahre war es her. Damals war er achtundzwanzig gewesen. Er beschloß, sofort die Straße zu überqueren und den nächsten Eingang in den Park zu nehmen.

Als er an der Bordsteinkante stehenblieb und die Straße auf und ab blickte, sah er, wie sich ihm vom anderen Ende des Platzes auf seiner Straßenseite ein Trauerzug näherte. Der Leichenwagen wurde von zwei schwarzen Pferden gezogen, deren Köpfe mit schwarzen Federn geschmückt waren, und Hubert hatte den Eindruck, daß die Schlange schwarzer Limousinen dahinter sehr lang sein würde. Hubert hielt sich gern an den Brauch, den Toten die letzte Ehre zu erweisen, indem man den Trauerzug ein paar

Schritte begleitet, selbst wenn er deswegen umdrehen und ein Stück zurückgehen mußte. Er hätte genügend Zeit gehabt, die Straße zum Park zu überqueren, bevor der Trauerzug herankam, aber die Verzögerung machte ihm nichts aus. Er wollte ihn passieren sehen, und sobald er die Gelegenheit hätte, würde er die Zeitung aufschlagen und raten, um wessen Begräbnis es sich gehandelt hatte. Die Prozession war noch ein gutes Stück entfernt, und müßig begann er ihr entgegenzuschlendern. Er maß die Entfernung zwischen sich und dem Leichenwagen und versuchte, den Zeitpunkt abzuschätzen, da sie sich auf gleicher Höhe befinden würden, zugleich nahm er, ohne hinzublicken, die Gestalt einer Frau wahr, die reglos in der Gosse stand und der Straße den Rücken kehrte. Sie bettelte. Das wußte er, ohne hinzuschauen. Sein ganzes Leben lang hatte er Bettler abgewiesen. Er verabscheute und verachtete sie. Auch an der Frau ging er vorbei. Der Sarg war mit üppigen Kränzen bedeckt und wie ein Osteraltar von Blumen gesäumt. Es war ein Sarg, der selbst jetzt noch von Nutzen und Frommen des Reichtums und von der befriedigenden Schönheit des Zeremoniells und der Ordnung kündete. Hubert machte kehrt, um mit dem Sarg mitzugehen, und noch während er sich umdrehte, bewunderte er ihn. Er tat ein, zwei, drei Schritte, vier, fünf, sechs. Sechs Schritte genügten, doch als er die Augen vom Sarg abwandte und eben einen verstohlenen Blick in die erste Limousine mit Hinterbliebenen werfen wollte, stellte er fest, daß er dank seiner Respektsbezeugung fast Auge in Auge der Bettlerin gegenüberstand. Sie sah ihn an und streckte die Hand unter ihrem Umhang hervor, um entgegenzunehmen, was immer er ihr geben würde. Den Umhang hatte sie straff um die Schultern und um ein Kind gewickelt, dessen Kopf eben noch vor ihrer Schulter zu sehen war, und es war die Hand, mit der sie den Po des Kindes abstützte, die sie ihm nun – nicht etwa fordernd, sondern erwartungsvoll – entgegenstreckte, während sie den Ellbogen weiter fest gegen das Kind preßte und es sicher hielt. Offenbar glaubte sie, er sei an ihr vorbeigegangen, habe es sich anders überlegt und sich wieder zu ihr umgedreht.

Er kehrte ihr den Rücken und ging rasch davon, bemerkte aber noch, wie ihre Hand sich straffte und wieder zu dem Kind zurückzog und wie ihr erwartungsvoller Gesichtsausdruck in einen so verzweifelten Haß umschlug, daß es für einen Moment aussah, als sei ihr das Gesicht abgeschnitten worden. Sie glaubte, er habe es mit Absicht getan, habe sich mit Absicht umgedreht, um ihr eine Enttäuschung zu bereiten. Aber sie mußte doch gewußt haben, daß der Trauerzug vorbeikam. Nein, sie hatte den Trauerzug überhaupt nicht gesehen. Sie hatte Hubert gesehen und daran gedacht, was sie wohl von ihm bekommen würde. Sie hatte gesehen, wie er an ihr vorbeiging, und sie hatte gesehen, wie er sich wieder zu ihr umdrehte. So etwas traute sie ihm also zu. Sie hielt ihn für die Sorte Mann, dem so etwas zuzutrauen war. Er war drauf und dran, sich erneut umzudrehen und ihr diesmal rasch etwas zuzustecken, doch die Scham beschleunigte seine Schritte, und er entfernte sich immer schneller. Eine Frau blickte ihn im Vorübergehen an, und er merkte, daß er etwas gemurmelt und sich die Augen gerieben hatte. Er hatte gesagt: »So etwas tue ich nicht. So etwas tue ich nicht.« Sämtliche Trauergäste mußten ihn gesehen haben, wie er davoneilte und Grimassen schnitt wie ein Irrer. Er wünschte, er hätte der Frau etwas gegeben; es wäre ein Leichtes gewesen, ihr etwas zu geben. Sie hatte keinen Grund zu betteln; es gab Heime, wo sie hingehen konnte, wo man ihr helfen würde; dennoch war sie bemitleidenswert, so wie sie dastand, sie hatte ihn nicht angesprochen und ihm keine Beschimpfungen nachgerufen, wie viele andere an ihrer Stelle es getan hätten. Aber wie konnte sie glauben, er sei der Typ, der sich einen solchen Scherz mit ihr erlaubte? Er hätte ihr erklären können, er habe sich nur den Trauerzug angesehen, aber selbst dann hätte sie nicht verstanden, weshalb er ihr nichts gegeben hatte. An ihr vorbeizugehen, ohne ihr etwas zu geben, ging ja noch an, aber sich zu ihr umzudrehen und ihr trotzdem nichts zu geben? Sie mußte den Eindruck haben, als spotte er ihrer oder führe noch Schlimmeres im Schilde. Wie konnte sie ihm so etwas zutrauen? Sie hatte das Kind gehalten, als schwebe es in Gefahr. Sie hatte beide Arme um das Kind geschlungen, so wie Rose John zu halten pflegte, als gäbe es nichts anderes auf der Welt als dieses eine Baby. Die Art, wie sie das Kind an ihren Körper gedrückt hatte, war ein Vorwurf und eine Warnung an jeden, der ihm zu nahe kam. Mit Frauen wie ihr war nicht zu spaßen. Sie gaben sich mit Herz und Seele einem Wesen hin, von dem sie wußten, daß es sie verlassen würde. Sie ließen nicht mit sich reden. Alle Mathematiker der Welt konnten sich zu Tode schuften, aber diese Frauen würden nicht einmal über die Schulter blicken, um zu erfahren, was vor sich ging. Solange sie das Kind hatten, würden sie nichts lernen, nichts wahrnehmen und sich um nichts anderes kümmern. Hielte man ihnen vor, sie seien unwissend und rücksichtslos und brächten sich selbst in Gefahr, sie würden einen nicht hören. Sie wären gar nicht in der Lage, einen zu hören. Alle Geschichte, Mathematik und Architektur der Welt bedeutete ihnen nichts im Vergleich zu der Geschichte, Mathematik und Architektur dieses einen Gesichts. Man konnte sich den Mund fusselig reden, und sie würden nur überlegen, ob es an der Zeit sei, die Windeln zu wechseln. Und immer blieben sie stumm. Man bekam keine direkte Antwort aus ihnen heraus, nicht für Geld und gute Worte. Man bekam überhaupt keine Antwort aus ihnen heraus. Sie sagten nicht die Wahrheit. Sie hatten die Wahrheit nicht in sich. Man konnte sie stehen lassen und davongehen, aber sie riefen einem nichts nach und sagten keinen Ton, sondern blickten einem nach, bis man sich an sie erinnerte und sie nicht wieder vergessen konnte und auch nicht vergessen konnte, daß sie einem nachblickten, so wie diese Frau ihm jetzt nachblickte. Wie hatte sie nur denken können, er sei die Sorte Mann, der so etwas tut?

Er bog in eine Seitenstraße und ging auf Umwegen wieder zum Geschäft zurück, und als er dort ankam, verschwand er schnurstracks auf der Toilette und wusch sich Hände und Gesicht. Dann begab er sich an seinen Tisch und widmete sich, so gut er konnte, seiner Arbeit, aber er hatte das Gefühl, daß ihn von allen Seiten Augen taxierten, so wie sie ihn taxiert hatte, und er konnte nicht aufhören, über sich nachzudenken und sich zu taxieren, so wie sie ihn taxiert hatte. Jack Minton kam aus der Werkstatt und suchte einen Ballen grauen Tweed, und als er an Huberts Tisch vorbeikam, blieb er stehen, musterte ihn und fragte, ob ihm etwas fehle. Hubert antwortete, ihm fehle nichts. Minton blieb immer noch unschlüssig am Tisch stehen und blickte auf ihn nieder, aber Hubert schaute nicht auf, und gab, damit er endlich wegging, schließlich zur Antwort, er habe einen leichten Schock erlitten, nicht der Rede wert, und so redete er denn auch nicht darüber.

Am Spätnachmittag kam Rose aus dem Garten herein, wo sie gearbeitet hatte, setzte sich auf ihren niedrigen Sessel am Kamin und entnahm dem alten Korb, den sie immer neben sich auf dem Fußboden stehen hatte, eine Häkelarbeit aus grauer Wolle. Den Korb hatte sie am Tag ihrer Hochzeit aus dem Haus ihrer Mutter mitgenommen, und er hatte deswegen so lange gehalten, weil er für die täglichen Einkäufe zu sperrig war und sie nur ihre Handarbeiten – ihr Häkel-, Strick- und Stopfzeug – darin aufbewahrte. Sie häkelte eine Decke aus einzelnen Quadraten, Karo um Karo. Während der Arbeit bewegte sie die Lippen, und jedesmal, wenn sie eine Maschenreihe beendet hatte, hob sie den Kopf, als habe sie plötzlich einen Entschluß gefaßt, den zu fassen schwierig, aber den gefaßt zu haben angenehm war. Von Zeit zu Zeit sah sie sich prüfend im Zimmer um und warf einen Blick auf die Uhr. Die Uhr, ein Hochzeitsgeschenk von Huberts altem Freund Frank Guiney, war aus Mahagoni und nahm auf dem Kaminsims den Ehrenplatz ein. Als sie hörte, wie der Zeitungsjunge das Abendblatt durch den Briefkastenschlitz steckte, stand sie auf, um die Zeitung hereinzuholen, dann setzte sie sich wieder und begann zu lesen, doch sobald sie hörte, wie sich Huberts Schlüssel im Schloß drehte, faltete sie die Zeitung rasch wieder so zusammen, als wäre sie nie aufgeschlagen worden.

Hubert hängte seinen Regenmantel und seinen Hut in die Garderobe, ging hinauf ins Schlafzimmer und tauschte sein Jackett gegen eine alte Strickjacke aus gelbbrauner Wolle mit drei Knöpfen. Als er ins hintere Wohnzimmer kam, saß Rose auf ihrem Stuhl und hatte sich wieder ihre Häkelarbeit vorgenommen.

»Ich hab dir die Zeitung auf den Sessel gelegt«, sagte sie.

»Steht was Wichtiges drin?« fragte er.

»Nein«, antwortete sie unsicher. »Ich weiß nicht. Vielleicht.«

Er trat ans Fenster und blieb stehen, um auf ihren Garten hinauszublicken. Er bestand nur aus einem kleinen Rasenstück, begrenzt von Blumenrabatten und eingefaßt von Mauern aus grauem Zement, die sie mit Efeu und einer anderen Kletterpflanze mit spitzen roten Blättern getarnt hatte. Er war nur handtuchgroß, aber sie hatte einen Gutteil ihres Lebens damit verbracht, ihn zu verschönern, sein Sohn hatte seine Kindheit darin verbracht, und er selbst hatte, auf einem Liegestuhl sitzend, alle seine Sommerferien darin verbracht. Sie fuhren nie in Urlaub, weil es Geld kostete wegzufahren, außerdem ließen sie das Haus nur ungern unbeaufsichtigt zurück.

»Ich gehe in die Küche und setze Wasser auf«, sagte sie.

Er drehte sich um und sah sie an. Sie erhob sich. Zwar nicht anmutig, aber doch mühelos, ohne daß sie sich mit den Händen abstützen mußte, und als sie endlich stand, hielt sie sich sehr gerade.

»Sag mal«, fragte er, »erinnerst du dich noch an die Hyazinthe, die ich dir mal gekauft habe? Was ist aus der eigentlich geworden?«

»Die blaue Hyazinthe?« antwortete sie. »Die ist prächtig gediehen, nachdem ich sie in den großen Topf umgesetzt hatte. Ich hab sie dir doch gezeigt. Wunderbar aufgeblüht ist sie.«

»Und wo ist sie jetzt?« erkundigte er sich. »Hast du sie in den Garten umgeplanzt?«

»Ach wo. Hyzinthen gehen ein, Hubert. Sie halten nur ein Jahr. Man muß jedes Jahr neue Zwiebeln besorgen.«

»Ich besorge dir eine andere«, versprach er. »Morgen schon. Morgen abend bringe ich dir eine mit.«

»Zu dieser Jahreszeit findest du nirgendwo Hyazinthen«, erwiderte sie. »Hyazinthen bekommt man nur im Frühjahr, und jetzt haben wir September.«

»Ach so«, sagte er. »Verstehe. Das hatte ich ganz vergessen.«

»Tut mir leid, Hubert«, sagte sie.

»Schon recht«, erwiderte er.

»Wie kommst du gerade jetzt auf die Hyazinthe?« fragte sie.

»Nur so. Sie ist mir nur eben eingefallen«, antwortete er.

Sie ging zur Tür.

»Zündest du das Kaminfeuer für mich an?« fragte sie. »Dann geh ich jetzt runter.« Sie zögerte, als könnte er ihr die Bitte ausschlagen.

»Ich zünde es gleich an«, sagte er. »Geh nur, geh nur, tu, was du zu tun hast.«

Auf dem Kaminsims, neben einem gerahmten Foto, das John am Tag seiner Priesterweihe zeigte, lag eine Schachtel Streichhölzer. Hubert vermied es, das Foto anzusehen. Was sie dazu bewogen hatte, es dort aufzustellen, war ihr krankhaftes Beharren auf dem eigenen Unglück. Dabei hatte sie im Schlafzimmer oben einen weiteren Abzug in einem ähnlichen Rahmen hängen. Das Foto wies ohnehin keine Ähnlichkeit mit John auf, und eines Tages würde er es abnehmen und verstecken. Er riß ein Streichholz an, beugte sich hinab, entzündete mit großer Sorgfalt das Gas und regulierte die Flamme, indem er langsam und mit vor lauter Anstrengung zusammengepreßten Lippen an dem Knopf drehte. Dann ging er zu seinem Sessel, nahm die Zeitung zur Hand und setzte sich. Er schlug sie nicht auf. Statt dessen saß er geruhsam da und sah zu, wie sich die blaßrosa Wärme auf dem Aschengrill des Kaminrosts ausbreitete. So blieb er sitzen, bis Rose ihn zum Abendessen rief. Da stand er auf, knöpfte sich die Strickjacke zu, strich sie glatt und ging in die Küche, um sich zu ihr zu gesellen. Im Gehen fiel ihm wieder das Gespräch über die Hyazinthe ein, und als er daran dachte, daß sie trotz ihres wie immer entschuldigenden Tonfalls halbwegs gelächelt hatte, als sie ihm auseinandersetzte, wie schwierig es sei, Frühlingsblumen zu besorgen, wenn nicht Frühling war, mußte er selbst lächeln. Die Schuld am Wechsel der Jahreszeiten konnte selbst die arme Rose nicht ganz auf sich nehmen.

In der Küche war der Abendbrottisch gedeckt, Rose stand da und schenkte den Tee ein. Früher hatte er immer versucht, sie davon zu überzeugen, die Teekanne auf den Tisch zu stellen, damit sie nicht alle fünf Minuten aufspringen mußte, aber sie hatte darauf bestanden, die Kanne auf dem Herd stehenzulassen, damit der Tee heiß blieb. Er rückte einen der alten gelben Stühle heran und ließ sich darauf nieder. Bald darauf nahm sie auf dem Stuhl ihm gegenüber Platz. Während der Mahlzeit fiel ihm der Trauerzug ein, und als er Rose davon berichtete, ging sie hinauf ins Wohnzimmer, um die Zeitung zu holen und nachzuschauen, wer mit solchem Prunk begraben worden sein mochte. Da sie schon einmal dabei war, sammelte sie die Morgenzeitung und die Ausgaben der letzten drei Tage ein, für den Fall, daß diese weitere Informationen enthielten. Sie hatte eine ziemlich klare Vorstellung davon, wessen Trauerzug Hubert gesehen hatte – ein Lebensmittelgroßhändler namens Kinsella, dessen Vater mittellos aus Cork gekommen war und ein florierendes Geschäft aufgebaut hatte –, aber ehe sie sich nicht ganz sicher war, wollte sie Hubert den Namen nicht nennen.

Während sie hinaufging, die Zeitungen einsammelte, auf das Datum schaute, um sich zu vergewissern, daß sie auch die richtigen Ausgaben zusammengeklaubt hatte, und sie in die Küche brachte, mußte sie die ganze Zeit über daran denken, wie gedankenlos es von Hubert gewesen war, das Thema Trauerzug anzuschneiden und sich nicht daran zu erinnern, daß dies der Todestag ihres Vaters war. Aber inzwischen war auch ihr eigenes Interesse erwacht, und als sie die Zeitungen hinuntertrug, warf sie einen verstohlenen Blick hinein. In der Tat, es war John Patrick Kinsella, und es war sein Leichenbegängnis, dem Hubert beigewohnt hatte.

Rose überließ es Hubert, sich den vollständigen Bericht über Mr. Kinsellas Lebensumstände durchzulesen, den er bereits überflogen hatte, ohne ihm besondere Aufmerksamkeit zu widmen, weil er in der Ausgabe vom Vortag erschienen war; sie selbst blätterte müßig die hinteren Seiten der alten Sonntagszeitung durch und stieß auf etliche Meldungen, die ihr bei der ersten Lektüre entgangen waren. Als sie eine diesbezügliche Bemerkung machte, äußerte Hubert, offenkundig habe sie nie gelernt, richtig zu lesen, sie sei eine unachtsame Leserin, die zu oft die Zeilen überspringe und sich auf das Gelesene nicht richtig konzentriere. Was schade sei, denn eine gute Gewohnheit anzunehmen falle im Alter zunehmend schwer, genauso schwer wie eine schlechte abzulegen, wenn sie einem erst einmal in Fleisch und Blut übergegangen sei.

Ein Mann ertrinkt

Nach dem Tod seiner Frau wollte Mr. Derdon unbedingt in ihr Schlafzimmer gehen und sich bei geschlossener Tür allein darin umschauen, ohne daß jemand dabei wäre, der ihn beobachtete und sich fragte, wie ihm wohl zumute sei. Was ihn in ihr Zimmer trieb, war weder Angst noch Kummer noch sonst irgendeine schmerzliche Empfindung, weder Sehnsucht noch Verlangen oder dergleichen, sondern reine Neugier. Er wollte sich lediglich umschauen. Das Zimmer, das, solange sie noch lebte, für ihn kaum existiert und das er nur selten betreten hatte, auch wenn er gelegentlich in der Türöffnung gestanden hatte oder zumindest kurz davor stehengeblieben war, um ihr noch etwas zuzurufen, bevor er das Haus verließ – dieses Zimmer erschien ihm jetzt geheimnisvoll, so wie ein leeres Haus Kindern, denen es in bewohntem Zustand niemals aufgefallen wäre, plötzlich geheimnisvoll erscheint oder gar Angst einjagt, oder wie ein leeres Vogelnest, das nach einem sommerlichen Sturm auf dem Erdboden liegt und dem Geist Gedanken aufzwingt, die nichts mit Flügeln oder Nahrung, Wärme oder Gesang zu tun haben: Gedanken an Leere und Gedanken an den Winter, an Winde, die zu heftig, und an Nächte, die zu finster sind, Gedanken an stumm erlittene steinerne Einsamkeit und an Landschaften, die zu kalt und flach sind, als daß man gern in ihnen spazierenginge. Das kleine, zu Boden gefallene Nest birgt eine Leere, die zu groß ist, als daß wir sie begreifen könnten. Wir können uns nicht vorstellen, wie sie sich anfühlt. Eine grenzenlose Leere, die über unseren Verstand geht, obwohl wir sie gern begreifen und von allen Seiten prüfen, ihr Grenzen setzen und sie in den Griff bekommen würden, um sie an einen behaglichen Ort zu schaffen und dann zu vergessen. Aber das Nest ist nichts, nicht mehr als ein Überbleibsel. Das leere Nest ist nur ein starkes Bild für jene Furcht, die so verbreitet ist, daß wir nicht nur jeden Tag durch sie hindurchschreiten und so tun, als nähmen wir sie nicht wahr, sondern durch sie hindurchschreiten und so tun, als gäbe es sie gar nicht. Solange das leere Nest dort liegt, spähen wir hinein, doch dann ist es verschwunden, und wir denken nicht mehr daran.

Solange die Tür zu dem Schlafzimmer, in dem seine Frau gestorben war, geschlossen blieb und der Raum dahinter leer, dachte Mr. Derdon an nichts anderes. Die Leere hinter der Tür wühlte ihn auf, nachts begann er davon zu träumen, und in seinem wirren Geist stand die Tür ihm offen, aber dann – ein Irrtum – stand sie ihm doch nicht offen, und das Zimmer dehnte sich aus und zog sich zusammen. Zuerst war es ein sehr großes Zimmer, dann ein sehr kleines, aber nie hatte es seine tatsächliche Größe, und es entwickelte zusätzliche Türen, seltsame Türen, die ihn ängstigten. Morgens wachte er aus diesen Träumen so erschöpft auf, als habe er Alpträume durchlitten, dabei hatte er doch nur vom Schlafzimmer seiner Frau geträumt. Seine Schwester, seine unverheiratete Schwester, war nach Dublin gekommen, um ihm den Haushalt zu führen, und die wenigen Male, da sie ausging, wurde er von der Putzfrau bemuttert und versorgt. Beide waren der Meinung, er dürfe in dieser Zeit nicht allein gelassen werden. Er fragte sich, was sie damit wohl meinten – »in dieser Zeit«. Es war doch keine Frage dieser, jener oder irgendeiner anderen Zeit. Im Augenblick gab es nur die Zeit vor Roses Tod und die Zeit nach Roses Tod, und wenn sie zu ihm sagten: »in dieser Zeit«, meinten sie damit etwa, er dürfe für den Rest seines Lebens nie auch nur eine Minute allein gelassen werden? Es störte ihn, daß sie ständig um ihn herumscharwenzelten, und verblüfft dachte er über die Freiheit nach, die er noch vor einem Monat, ja noch vor zehn Tagen genossen hatte, all die Freiheit, die er gehabt hatte, ohne sie richtig zu schätzen. Damals, davor, war er unermeßlich frei gewesen. Er staunte über die Freiheit, die er gehabt hatte. Er wunderte sich über sie. Frei wie ein Vogel war er gewesen. Damals, als Rose noch lebte, hätte er, wenn ihm danach gewesen wäre, vor der geschlossenen Tür in der Diele auf und ab laufen können. Den lieben langen Tag hätte er dort auf und ab laufen können, die Diele hinauf, die Diele hinab, und ihm wären keine Fragen gestellt worden. Sie hätte nicht im Traum gewagt, ihn ins Verhör zu nehmen. Nach Lust und Laune hätte er dort auf und ab marschieren können. Natürlich hätte er etwas gesagt. Vielleicht hätte er gesagt: »Ich wollte mir nur ein bißchen Bewegung verschaffen«, oder dergleichen. Aber sie hätte nichts darauf erwidert. Vielleicht hätte sie gelächelt oder genickt, auf ihre verlegene Art, als ob ihr Hals kleine anmutige Gesten nicht gewohnt sei, was er ja auch nicht war, aber gesagt hätte sie nichts. Sie hätte ihre jeweilige Tätigkeit fortgesetzt und ihm keine Fragen gestellt. Vielleicht hätte sie gesagt – die Chance gab es immerhin –: »Ah, dir Bewegung machen, nun ja, wenn dir danach ist.« Das sollte beiläufig und unbeschwert klingen, kam aber nur unbeholfen heraus, wie bei einem schüchternen Kind, das versucht, besonders klug zu erscheinen. Höchstwahrscheinlich aber hätte sie ihm nur ein schamhaftes Lächeln geschenkt, als habe sie kein Recht zu erfahren, was er da trieb, und wäre fortgegangen, um sich irgendeiner unbedeutenden Arbeit zu widmen, die sie sich vorgenommen hatte. Sie wäre fortgegangen, und er wäre zurückgeblieben, umhüllt von ihrem Schweigen, das ihm grenzenlose Freiheit bescherte oder zumindest etwas, das er neuerdings als grenzenlose Freiheit wertete, selbst wenn es ihm damals nur wie eine Bürde vorgekommen war, jene Bürde der Unbestimmtheit, die in ihm immer nur die Frage ausgelöst hatte, was er denn jetzt schon wieder nicht getan hatte, das er hätte tun sollen, oder was er denn jetzt schon wieder nicht gesagt hatte, das er hätte sagen sollen. Er wußte nie, woran er mit ihr war. Er wußte nie genau, was er getan oder womit er seine Zeit verbracht hatte, da es keinen bestimmten Punkt gab, an dem er innehalten und ermessen konnte, was er getan oder womit er seine Zeit verbracht hatte. Jetzt hatte sie dafür gesorgt, daß er selbst unbestimmt geworden war, und wie sollte er sie betrauern, wenn ihm kaum etwas von ihr in Erinnerung geblieben war, bis auf die offensichtliche Tatsache, daß sie sanft, still, duldsam, schön – oder zumindest in ihrer Jugend mehr oder weniger schön – gewesen war? An vieles konnte er sich buchstäblich nicht erinnern. Schon begann er zu glauben, sie sei unsichtbar gewesen, doch als er das dachte, war ihm zumute, als müsse er vor lauter Angst gleich losheulen, denn wie konnte er nur so denken, wo sie doch da waren und von seiner verstorbenen Frau redeten und wo er doch wußte, daß er über vierzig Jahre lang eine Frau gehabt hatte, daß sie einen Sohn gehabt hatten und dieser Sohn ihnen ins Priesteramt entlaufen war, und nun stand er hier und hatte kaum eine Erinnerung an sie, konnte sich nicht einmal richtig darauf besinnen, sie oft gesehen zu haben. Und wie sollte er um etwas trauern, das sich nicht bestimmen ließ, oder etwas beklagen, das spurlos verschwunden war? Das war's – sie hatte keinen bleibenden Eindruck hinterlassen. Wie immer sie es auch bewerkstelligt hatte, sie hatte es fertiggebracht, mehr als vierzig Jahre lang mit einem Mann, einem empfindsamen, gutherzigen Mann, zusammenzuleben, ohne auch nur den geringsten Eindruck auf ihn zu machen. Sie war schon immer unmöglich gewesen. Etliche Male, vor langer Zeit, hatte er darauf angespielt. »Du bist unmöglich«, hatte er zu ihr gesagt. Und sie hatte *nichts* gesagt. Sie hatte nichts gesagt, und sie hatte ihm nichts gegeben, nichts, worüber er wütend, nichts, worüber er traurig sein konnte, nichts, worüber er lachen, nichts, worüber er staunen, und überhaupt nichts, woran er sich erinnern konnte. Sie hatte ihm nichts gegeben, und sie hatte ihm nichts hinterlassen, und indem sie ihm nichts hinterließ, hatte sie ihm das eine genommen, das ihm jetzt ein Fels der Kraft hätte sein können, jenen Fels der Trauer, auf dem er in seliger Vereinzelung hätte verharren können – unfähig zu sehen, zu hören, zu sprechen oder zu denken, vor lauter Kummer, der ihn ausfüllen und schließlich zugrunde richten würde. Jetzt aber würde dieses gewaltige Leid das bleiben, was es war, nämlich nur ein Traum von Leid, der ihm von seiner Warte aus vorkam wie ein Traum von Frieden, denn er wußte, in diesem entsetzlichen Leid würde er endlich Frieden finden, und dann könnte er sich in dem Wissen ausruhen, das Richtige und Angemessene getan und die richtigen und angemessenen Gefühle empfunden zu haben, jene Gefühle, die der gerechte Tribut sind, den wir dem Tod entrichten. Aber es war zwecklos. Er empfand nichts. Er konnte wie gewöhnlich sehen, hören und so weiter und verspürte sogar ein wenig Appetit.

Wenn sie ihn wenigstens am hinteren Fenster stehen und Roses Garten betrachten ließen, vielleicht könnte er sie ja dort unten sehen, so viel Zeit, wie sie darin verbracht hatte. Wenn sie ihn wenigstens dort stehen und auf ihren Garten hinausblicken ließen – und der Anblick lohnte sich durchaus –, vielleicht könnte er sie dort unten finden und wenigstens anfangen, sie zu vermissen –

und das war ja wohl das mindeste, was er tun konnte: sie zu vermissen. Aber er vermißte sie nicht, er vermißte sie nicht im geringsten; alles war genau wie immer, er vermißte sie nicht im geringsten, und wenn er versuchte, sich ans Fenster zu stellen und auf ihren Garten hinauszublicken, würde seine Schwester oder die andere herumglucken und versuchen, ihn aus sich herauszulokken. Damals, davor, als er noch seine Freiheit genoß, hätte er sich an dieses Fenster stellen können, solange er wollte, ohne daß sich jemand eingemischt hätte. Damals, davor, hätte er den ganzen Tag in seinem Sessel am Kamin sitzen und vor sich hinträumen, friedlich an gar nichts denken können, versunken in Erinnerungen, die so verworren und gleichförmig waren, daß sie ihm Wärme spendeten; so dazusitzen, nichts zu tun und sich im Grunde an gar nichts zu erinnern, war, als würde man an Wärme denken. Damals, als sie noch lebte und er von der Freiheit, die er genoß, noch nichts wußte, hätte er, solange er wollte, in seinem Sessel sitzen können, ohne ein Buch, eine Zeitung oder dergleichen in der Hand zu halten, und niemand wäre heraufgekommen, um ihn anzusprechen und ihn zu mahnen, nicht in Trübsal zu verfallen, sich zu beschäftigen und abzulenken. Woher wollten sie eigentlich wissen, daß das, was in ihm vorging, trübselig war, wo er doch nicht einmal selbst wußte, was in ihm vorging? Sie richteten ihn ab, als sei er ein Hund, ein armer, bedauerlicher Hund, der tun mußte, was man ihm befahl, und keine Fragen stellen durfte, nur weil er ein *Hund* war und aus keinem anderen Grund. Armer Hund. Armes Tier. Es ergab keinen Sinn. Er mußte sich munter geben, oder sie seufzten. Er mußte deutlich und mit einer gewissen Lebhaftigkeit sprechen, oder sie warfen ihm besorgte Blicke zu und stellten Mutmaßungen an. Jeden Tag mußte er einen Spaziergang machen, aber nicht etwa im Garten, denn der gehörte ihr und war zu trübselig, sondern vor dem Haus – um seinen Spaziergang machen zu können, mußte er vor die Tür gehen. Sie schienen zu glauben, hinter dem Haus gäbe es keine frische Luft mehr, nur noch vor dem Haus, vor der Haustür, wo die Nachbarn auf ihn zukamen, Leute, die er nur vom Sehen kannte und die ihm Dinge sagten, die er kaum verstand und nicht hören wollte, obwohl er wie durch ein Wunder immer wieder die richtigen bekümmerten Erwiderungen auf all ihre bekümmerten Gemeinplätze herausbrachte. Und er spürte, daß jedes Wort, das er von sich gab, eine Lüge war, und wenn er ins Haus zurückkehrte, war er erschöpft.

Er hätte sich gern alles von der Seele geredet. Gern hätte er seiner Schwester und den anderen gestanden – er sehnte sich geradezu danach –, daß er keinen Kummer verspürte. Er wollte ihnen die Wahrheit gestehen. Er wollte, daß sie wußten, was für ein Heuchler, was für ein elender Heuchler er war, oder ihnen wenigstens beweisen, daß sie ihn zum Heuchler machten. Aber wenn er ihnen die Wahrheit gestünde, würden sie ihn für ein Ungeheuer halten, und lieber wollte er sich damit abfinden, ein Heuchler zu sein, als für ein Ungeheuer zu gelten. Er war ein Mann, der keinen Kummer verspüren konnte, ein leerer Mann. Dennoch hätte er gern die Freiheit gehabt, tun zu können, was ihm beliebte, aber er zögerte, ihre Gefühle zu verletzen. Ihm kamen allerlei scharfzüngige Bemerkungen in den Sinn, aber aussprechen wollte er sie nicht, es sei denn, man trieb ihn in die Enge. Er wußte, die beiden Frauen meinten es gut mit ihm. Natürlich konnte er sie auffordern zu gehen. Sie würden protestieren, aber am Ende würden sie gehen, und dann wäre er allein, dann könnte er still sein. Wenn er sie des Hauses verwiese und sie merkten, daß es ihm ernst war, würden sie gehen müssen. Aber er brachte es nicht über sich, da sie es so gut mit ihm meinten, und außerdem konnte er im Hinterkopf behalten, daß er sie jederzeit loswerden könnte, jederzeit. Es war etwas, worauf er sich freuen konnte, auf den Augenblick, da er sie ein für allemal hinauswerfen würde, und er freute sich wirklich darauf. Stand sein Entschluß erst einmal fest, würden sie ohne Wenn und Aber gehen müssen. Stand sein Entschluß erst einmal fest, würde er nicht mit sich spaßen lassen, einstweilen aber ließ er sie im Haus schalten und walten und tat, wie ihm geheißen, und darin würde er so lange fortfahren, wie es ihm paßte, und keine Minute länger. Aber es war angenehm, sich auf den Augenblick zu freuen, da er sie hinauswerfen würde. Er würde sie schalten und walten lassen, er würde ihnen ihren Willen lassen, sie würden sich einbilden, sich eingenistet zu haben, und plötzlich, völlig unvermittelt, würde er sich gegen sie wenden und ihnen zeigen, wer hier der Herr im Hause war. Der Augenblick würde kommen. Dessen war er gewiß. Sie würden es zu weit treiben. Ganz sicher. Er würde handeln, wenn sie es am wenigsten erwarteten, und er würde sie vernichtend schlagen. Er würde sie zum Teufel jagen. Als er sich die Überraschung auf ihren Gesichtern ausmalte, mußte er lächeln, und dabei ertappte ihn seine Schwester, und er ertappte sie dabei, wie sie ihn ertappte, mit jener mitfühlenden Miene, die ausdrücken sollte, daß sie ihm freundliche, sanfte, zartfühlende, glückliche Gedanken über die liebe Verstorbene zutraute, und er war so verärgert, daß er sie hätte schlagen können, zog die Mundwinkel herab und begann wieder finster dreinzublicken.

Sie hielten es für ein Zeichen der Trauer, daß er ihnen befohlen hatte, Roses Zimmer unangetastet zu lassen, dabei war es überhaupt kein Zeichen der Trauer. Als er ihnen aufgetragen hatte, die Tür zu schließen und geschlossen zu halten, war er einer Eingebung gefolgt. Er hatte einfach nur seine Autorität geltend machen, eine vernünftige Anweisung erteilen und sich Gehorsam verschaffen wollen, und sie hatten ihm gehorcht, aber es war keine wichtige Sache gewesen, bis die geschlossene Tür mit einem Mal auf rätselhafte Weise ungeheuer wichtig geworden war.

Wenn er erst einmal allein in jenes leere Zimmer ginge und die Tür hinter sich zumachte, dachte er, würde er klarer denken können und etwas in Erfahrung bringen, wovon er jetzt noch nichts wußte. Einmal im Zimmer, würde er sich andere Seiten von ihr in Erinnerung rufen können als die, daß sie demütig und geschäftig durchs Haus gehuscht war – so wie er sie jetzt im Gedächtnis bewahrte. Einmal im Zimmer, würde er mehr entdecken als ewige Ergebung. Noch ihr letztes an ihn gerichtetes Wort war ein »Ja« gewesen. Daran war nichts Befremdliches, immer hatte sie ja gesagt, doch selbst andauernde Ergebung war ihr nicht unbestimmt genug gewesen; bis auf dieses allerletzte Ja hatte sie selbst ihre Jas stets abschwächen müssen – »Ja, gut«, »Ja, wenn du meinst«, »Ja, ich habe nichts dagegen, wenn du magst. Wenn du möchtest, vermutlich, ja.« Aber jenes letzte abschließende »Ja«, als er sie fragte, ob er nach dem Arzt schicken solle, stand in seiner Erinnerung einzigartig da. Er konnte jetzt noch ihre Stimme hören, wie sie »Ja« sagte, und erinnerte sich, daß er trotz seiner Besorgnis überrascht, ja vielleicht sogar erfreut gewesen war, weil sie so entschlossen klang. Es war, als habe er, als sie so »Ja« zu ihm sagte, zum ersten Mal nach langer Zeit wieder ihre Stimme vernommen.

So wie er sich auf den Tag freute, an dem er seiner Schwester und der anderen Frau befehlen würde, sein Haus zu verlassen, so freute er sich jetzt auf die Gelegenheit, in das leere Zimmer zu schlüpfen und sich allein darin aufzuhalten, ohne daß jemand von seiner Anwesenheit wüßte. Er wartete auf eine Gelegenheit, da beide aus dem Haus wären. Darauf arbeitete er hin. Er schmeichelte sich bei ihnen ein. Er saß nicht in seinem Sessel am Kamin und träumte vor sich hin, sondern hielt ein Buch in der Hand, in dem er aufmerksam las. Er ließ sich das Abendblatt bringen, als sei er daran interessiert, was in der Zeitung stand. Er blickte nicht aus dem hinteren Fenster auf Roses Garten. Er aß, was ihm vorgesetzt wurde, und deutete sogar an, daß, wenn sie beide scharf nachdächten und ihr Hirn anstrengten, ihnen vielleicht einfallen würde, daß er seine Eier warm und weichgekocht liebte, da einem kalte, hartgekochte Eier schwer im Magen lagen, besonders frühmorgens. Er wurde verwegener. Er schlug ihnen vor, sie sollten, wenn die vorgeschriebene Trauerzeit vorüber sei, alle drei ihren Sonntagsstaat anziehen, mit dem Taxi in die Stadt fahren und sich ein Theaterstück oder dergleichen ansehen. Sie blickten ihn erstaunt an, dann wandten sie die Gesichter wieder ab wie enttäuschte Katzen, die sehen, daß ihr Opfer sich nicht mehr regt, und die hoffen, es dadurch, daß sie so tun, als würden sie es nicht mehr beachten, wieder zum Leben zu erwecken, damit es weiter in ihrer Gewalt bleibt. Mr. Derdons Schwester und die Putzfrau also sahen erschrocken weg, dann sahen sie wieder zu ihm hin, aber er kannte ihre Eigenheiten und lächelte noch immer. »Wir tun der armen Rose keinen Gefallen, wenn wir mit langen Gesichtern hier herumsitzen«, sagte er.

Zwei Tage später, vielleicht auch schon am nächsten Tag, war Mr. Derdon durch ein Wunder, das ihm sorgfältig erklärt wurde, während er zuzuhören vorgab, nachmittags allein zu Hause. Bevor er die Tür zu Roses Zimmer öffnete, zögerte er eine Weile. Wie er es sich ersehnt hatte, lief er kurz in der Diele auf und ab und dachte darüber nach, wie es sein würde, das Zimmer zu betreten. Er wollte nicht blind hineintappen. Schließlich würde die Leere, die sich seit Roses Tod darin ausgebreitet hatte, für immer zerstört werden, sobald er das Zimmer beträte, und er war darauf bedacht, einen Eindruck von ihr zu gewinnen, bevor sie sich verflüchtigte. Er lief etliche Male auf und ab, dachte intensiv nach und rieb sich die Hände, doch dann drehte er, ohne weiter nachzudenken, den Türknauf, öffnete die Tür, trat ein und schloß die Tür hinter sich. Da war nichts. Da war nicht einmal eine wahrnehmbare Leere. Es war ihr Zimmer, oder es war ihr Zimmer gewesen, aber sie selbst war nicht mehr da. Das Zimmer blieb stumm. Die Leere, oder was er als Leere empfand, war nichts Besonderes, und er konnte sich nicht vormachen, daß er sie als jene spezielle und individuelle Leere empfand, die Rose hinterlassen hatte, die sie und nur sie hinterlassen haben konnte. Es war eine allgemeine Leere, die ihren Platz ausfüllte – ebensogut hätte er in ein herabgefallenes Nest spähen können, um die Natur eines Nicht-mehr zu entdekken. Er wurde es leid, sich in etwas hineinzudrängen, das nicht da war und ihm insofern keinen Widerstand leisten konnte. Es gab in diesem Zimmer keinen Widerstand. Es gab nichts, wogegen er seine Kräfte aufbieten konnte. Er war enttäuscht, wie damals als Kind, wenn das Weihnachtsfest vorbei war, und zugleich war er nervös, als müsse er eine Prüfung bestehen, vor der man ihn nicht gewarnt hatte, von der er nicht gewußt hatte, daß man sie bestehen müsse, auf die er nicht vorbereitet war und auf die er sich nicht vorbereiten konnte, da er keine Ahnung hatte, welche Fragen man ihm stellen würde oder welchen Tests er sich unterziehen müsse. Schon immer hatte er unter dem unbehaglichen Gefühl gelitten, daß es etwas gab, das nur andere Menschen wußten, etwas, das jedermann wußte und als selbstverständlich ansah, nur er nicht. Manchmal hatte er gehofft, durch einen glücklichen Zufall auf dieses bißchen Allgemeinwissen zu stoßen – ein Prüfstein, der ihm jenes Geheimnis offenbaren würde, dessen Vorhandensein er ahnte, jenes Geheimnis, an dem die anderen teilhatten und das ihm verschlossen blieb. Immerfort schoß ihm der eine Gedanke durch den Kopf: »Das Leben muß doch noch mehr zu bieten haben, das Leben muß doch noch mehr zu bieten haben.« O ja, allerdings mußte es noch mehr zu bieten haben, dachte er, und in diesen ungläubigen Momenten schielte er in die Gesichter der Leute, die ihm auf der Straße entgegenkamen, versuchte, ihren Mienen abzulesen, welches Wissen sie Tag für Tag am Leben erhielt, denn nicht jeder hatte seine Kraft und nicht jeder, ja kaum irgendwer konnte die innere Stärke besitzen, um in der Verwirrung, in der er, Hubert, lebte, tagaus, tagein weiterzumachen. Es war kaum möglich, daß auch andere, wie er, aus keinem ersichtlichen Grund Tag für Tag weiterlebten oder, wie er, tapfer den Schein wahrten, tapfer jene respektable Fassade aufrechterhielten, die eine Fassade war vor nichts und nichts als Fassade. In solchen Momenten, wenn er das Gefühl hatte, einen weiteren Anlauf nehmen zu müssen, um hinter das Geheimnis zu dringen, warf er einen Blick in Roses Gesicht, immer nur einen flüchtigen Blick und immer nur, wenn er meinte, sie würde nicht bemerken, daß er sie ansah. Er erinnerte sich, wie er bei diesen Gelegenheiten, an diesen Abenden, wie gewöhnlich Hut und Mantel an die Garderobe hängte, seinen Regenschirm in den Ständer stellte und durch die Diele ins Wohnzimmer ging, wo sie saß, sich ihr gegenübersetzte und seine Abendzeitung aufschlug, doch benutzte er bei diesen Gelegenheiten die Zeitung nur als Tarnung; er gab vor zu lesen, während er sie in Wahrheit beobachtete, nicht in seiner Rolle als Ehemann, ja nicht einmal überhaupt als Mann, sondern als demütiger Bittsteller, der hoffte, sie könne ihm Auskunft geben, was sie all die Jahre über zusammengehalten hatte oder was irgendein Paar zusammenhielt oder was die Leute überhaupt am Leben erhielt, so wie es ihnen vorgezeichnet war. Wann hatte all dieser Gehorsam begonnen, und wer hatte den vorgeschriebenen Weg ausersehen, den Männer und Frauen widerspruchs- und meist auch klaglos gingen? Vor allem aber, was für ein Grund war genannt worden, der diesen Gehorsam erzwang, und weshalb war dieser Grund nicht auch ihm genannt worden, so wie allen anderen? Es gab ein allgemein bekanntes Geheimnis, in das nur er nicht eingeweiht war, und inzwischen kam es ihm vor, als müsse auch der Kummer ihm ein Geheimnis bleiben, denn selbst jetzt, da er in dem Raum saß, in dem sie einen großen Teil ihrer Zeit verbracht und in dem sie geschlafen hatte, empfand er keinen Kummer. Er saß auf dem Stuhl mit der geraden Lehne, den sie immer bei ihrer Nähmaschine stehen hatte. Die Nähmaschine war geschlossen, die flache, glatte Oberfläche dort, wo Rose, wenn sie die Maschine nicht benutzte, einige ihrer Pflanzen abgestellt hatte, von blaßweißen Ringen gezeichnet. Sie hätte sich einen kleinen Blumentisch anschaffen können. Die Ausgabe hätte ihn nicht gestört. Er hätte ihr das Geld für einen Tisch gegeben, wenn sie ihn darum gebeten hätte, nur hatte sie ihn nicht darum gebeten. Sie hatte es vorgezogen, die Märtyrerin zu spielen, und da er keinerlei Hoffnung mehr hatte, sich je mit ihr verständigen zu können, hatte er vor lauter Verachtung keine Notiz von ihr genommen oder, wenn man so wollte, ihr ihren Willen gelassen. Wenn sie mit der Maschine nähen wollte, räumte sie lieber ihre Kommode ab. Dann hob sie die Pflanzen, darunter auch große und schwere, auf die Kommode, und wenn sie alle sicher aufgereiht waren, öffnete sie die Nähmaschine, beugte sich dicht darüber und machte sich an die Arbeit. War die Arbeit beendet, begann sie den ganzen mühsamen Vorgang von vorn und stellte die Pflanzen wieder an ihren Platz auf der Maschine. Für sie war die Maschine ein behelfsmäßiger Blumentisch, so wie vieles in ihrem Leben nur ein Behelf war. Zum Beispiel die Anordnung der alten Pralinenschachteln auf der Wäschetruhe unter dem Regal, in dem sie ihre wenigen Bücher aufbewahrte. Wenn man diese Pralinenschachteln sah, wenn man die sorgfältige Ordnung bemerkte, in der sie aufgestapelt waren, nach Größe, aber auch nach Form: eine rechteckige akkurat und mittig auf eine größere rechteckige gesetzt, die quadratischen wie Bauklötze auf den quadratischen und die beiden länglichen etwas abseits plaziert und das Arrangement gerader Linien und rechter Winkel beschließend, wie das alles von Sauberkeit, Sorgfalt und einem überwältigenden Ordnungssinn zeugte – wenn man all dies sah, lag die Vermutung nahe, daß die Schachteln irgend etwas von Wert oder Interesse enthielten. Was aber enthielten sie? Dreißig Jahre alte, längst bezahlte Rechnungen. Rezepte für Festmahle, die sie nie gekocht hatte, für so ausgefeilte Festmahle, daß sie von einem Besuch des englischen Königspaares geträumt haben mußte, als sie die Menüs aus den Illustrierten ausschnitt, in denen sie sie gefunden hatte. Schnittmuster für Kleider, die zu tragen sie in ihrem ganzen Leben keinen Anlaß gehabt hätte – es gab ein ganzes Heft mit Mustern, Maßen und allem für die Anfertigung eines Ballkleides aus Atlas. Wenn es nicht so bemitleidenswert gewesen wäre, hätte man darüber lachen können. Eine der Schachteln enthielt Kärtchen mit Stoffproben – Tweed, Serge, Anzug- und Mantelstoffe. Er wußte, wie sie an diese Kärtchen herangekommen war. Sie hatte es ihm nie erzählt, aber er kannte sie gut genug, um zu wissen, wie sie an diese Kärtchen herangekommen war. Er sah sie jetzt noch vor sich, wie sie vor dem Schneidergeschäft stand, einmal vor diesem, einmal vor jenem, die Stoffballen und die Bilder von Anzügen und Mänteln im Schaufenster bewunderte und sich vornahm, etwas in Auftrag zu geben, ein Kostüm vielleicht, und wie sie sich überlegte, welchen Schnitt es haben und aus welchem Material es sein sollte. Er sah, wie sie sich ein Herz faßte, die Ladentür aufstieß und mit jener halb schüchternen, halb gewichtigen Miene eintrat, die sie immer in der Öffentlichkeit zur Schau trug und die ihn fast bis zur Weißglut reizte. Und er sah, wie sie auf den Maßschneider zuging, den vornehmen Akzent einer Dame annahm, die ihm die Gunst ihrer Kundschaft erweisen mochte oder auch nicht, und Schnitt und Stil eines Mantels oder eines Rockes erörterte oder was immer es war, das sie zu kaufen gedachte. Und er sah sie in all ihrer Ernsthaftigkeit, wie sie sich von dem Schneider die Karte mit den Stoffproben geben ließ, diese mit nach Hause nahm und sich nachmittags allein hinsetzte und zu träumen anfing, er sah, wie sie sie ans Fenster trug, um die Muster bei besserem Licht betrachten zu können, und den Blick nur hob, um die Blumen in ihrem Garten anzusehen, und dabei die ganze Zeit träumte, träumte, träumte, immer nur träumte. Wovon hatte sie ihr ganzes Leben lang geträumt? Sie hatte es ihm nie verraten. Sie hatte nicht einmal zugegeben, daß sie ihre Zeit verträumte. Hätte man sie gefragt, woran sie »dachte«, sie hätte geantwortet: »Ach, an nichts«, und sich eilends mit irgend etwas beschäftigt, um die Aufmerksamkeit von sich abzulenken. Oder sie hätte, auf welche Frage auch immer, geantwortet: »Auf dem Linoleum bei der Tür ist ein böser Kratzer. Ich habe mir überlegt, wie ich ihn am besten verdecken kann.« Sie war die Unaufrichtigkeit in Person.

Der Inhalt der Pralinenschachteln zeugte von einem Gemüt, das ganz dem Belanglosen und Behelfsmäßigen verfallen war, dem Sich-Behelfen, Einteilen und Auskommen, um nur ja alles verwerten zu können, um nur ja nichts vergeuden zu müssen außer ihrer Zeit und ihrem Leben, und seiner Zeit und seinem Leben. Dennoch hatte er, wenn er sie heimlich beobachtete, die Hoffnung gehegt, daß sie jenes allgemein bekannte Geheimnis, das allen enthüllt worden war außer ihm, kannte und ihm anvertrauen würde. Schließlich war sie schwach gewesen, und es war undenkbar, daß sie einfach so dahingelebt hatte, ohne von irgend etwas getragen worden zu sein, von einer Wahrheit oder einem Glauben, einem Zauberwort, einem Trost, den sie mit ihm hätte teilen können, wenn sie denn fähig und willens gewesen wäre, sich mitzuteilen. Aber die Zeiten, da er sie beobachten konnte, waren immer seltener geworden, denn je älter er wurde, um so unfähiger wurde er, die innere Unruhe zu ertragen, die über ihr Gesicht hinwegzitterte, wenn sie seinen Blick auf sich spürte. Sie saß da, strickte, nähte, stopfte oder blätterte in einer der Haushaltsillustrierten, die sie liebte, das Gesicht stets auf das gerichtet, was sie gerade in den Händen hielt, doch sie merkte es sofort, wenn er sie ansah, und die Veränderung ihrer Miene war ein schrecklicher Anblick. Ihr Gesicht zerfiel vor Scham und Furcht. Worauf alles hinauslief, das A und O von alledem, war, daß sie sich vor ihm fürchtete. Einmal, vor langer Zeit, hatte sie ihn so gereizt, daß er sie herausforderte. »Bin ich ein Ungeheuer oder was?« hatte er sie angebrüllt. »Was ist mit dir? Was ist nur mit dir los? Warum hast du Angst davor, mich anzusehen? Bin ich ein Ungeheuer?« Aber sie hatte so heftig gezittert, daß er sie in Ruhe ließ. Vor Fragen hatte sie Angst. Er ließ sie in Ruhe. Aber es hatte keinen Sinn, das Ganze wiederzukäuen, es hatte keinen Sinn, darüber nachzugrübeln, am besten schlug er es sich aus dem Kopf.

Trotzdem konnte er nicht glauben, daß selbst ein so lebensuntauglicher Mensch wie sie aus dem Leben treten konnte, ohne auch nur irgendeine Spur zu hinterlassen. Eine Spur wäre ein Zeichen, das ihn zu dem Kummer wiese, den er ihr zuliebe erleiden wollte. Aber es gab kein solches Zeichen.

Er stand auf und trat an ihr Bett. Es war schmal. Er stand so da, wie er an ihrem letzten Morgen dagestanden hatte. Natürlich hatte er nicht geahnt, wie schlecht es ihr ging, als er sie an jenem Morgen ansah. Als sie nicht wie sonst pünktlich um neun Uhr mit seinem Frühstück erschienen war, das er gern allein in seinem Zimmer zu sich nahm, war er in ihr Zimmer gegangen. In Morgenmantel und Hausschuhen ging er in ihr Zimmer, und sie lag untätig im Bett. Obwohl sie die Augen geöffnet hatte, blickte sie ihn nicht einmal an, und er war so überrascht, sie zu sehen, es war so lange her, daß er sie im Bett hatte liegen sehen, daß er fragte: »Was machst du denn im Bett, Rose?« Und sie antwortete: »Nichts.« Ihre Stimme klang vollkommen normal. Er setzte zu einem kleinen Scherz an, der dazu überleiten sollte, sie an das Frühstückstablett zu erinnern, als sie, mit derselben vollkommen normalen Stimme, sagte: »Ich habe entsetzliche Brustschmerzen.« Und kaum hatte sie diese Worte geäußert, als er die Schmerzen auch schon in der eigenen Brust verspürte, doch bei ihm war das nichts Neues, es war nur allzu vertraut. Schon oft hatte er zu ihr gesagt, wie vertraut ihm diese Schmerzen seien, und hier war sie wieder, die Botschaft seines verräterischen alten Herzens, die ihn eines Tages noch ins Grab bringen würde, und er legte die Hand auf die Brust und fragte: »Soll ich den Arzt rufen? Wenn er hier ist, kann er mich gleich mit untersuchen.« Aber Rose antwortete ihm nicht. Statt dessen sah sie ihn an, und ihr Blick, der ihm stets angsterfüllt und ausweichend, ja verstohlen, abwesend und unruhig vorgekommen war – dieser Blick aus verschleierten grünen

Augen schien plötzlich ganz ihr anzugehören, so als habe sie erstmals das Kommando über ihn übernommen und bestehe auf ihrem Recht, selbst hinzusehen, selbst zu schauen und zwar nicht irgend etwas, sondern alles, und dann zu wählen, was sie wirklich sehen wollte; aber nicht so, daß sie das übrige nicht zur Kenntnis nahm, sondern als würde sie dasjenige betrachten und in Besitz nehmen, was für sie empfänglich wäre, und wenn das, was für sie empfänglich war, Freude war, dann betrachtete sie Freude, und wenn es Schmerz war, dann betrachtete sie Schmerz, und wenn es Grausamkeit war, dann betrachtete sie Grausamkeit, bis Grausamkeit, Schmerz und Freude durcheinanderzuwirbeln begannen und ihr das zeigten, was sie zuallererst hatte sehen wollen: ein Gesicht, das sie bereitwillig anlächelte, Augen, die sie zu erkennen schienen, ein Herz, das bereit war, sie zu achten, und Hände, die sie kannten, sie aber dennoch so wollten, wie sie war, was immer sie war.

So hatte sie dagelegen und ihn angeschaut, aber seine Frage hatte sie immer noch nicht beantwortet, und wieder fragte er, wobei er noch immer den Morgenmantel über seinem Herzen massierte, um auf seine eigenen Schmerzen hinzuweisen: »Soll ich den Arzt nun rufen oder nicht? Ich glaube, ich rufe ihn in jedem Fall, für mich. Möchtest du, daß ich ihn rufe?« Und Rose hatte gesagt: »Ja.« »Ja«, sagte sie, und dieses eine Wort kam geschwind heraus, wie ein Seufzer oder ein Lacher, wie ein Laut der Einsicht, der Hinnahme und des Hohns. »Ja«, sagte sie, aber nur einmal, als gebe sie sich endlich geschlagen und akzeptiere etwas, das sie bis dahin nicht hatte akzeptieren wollen.

Da war er losgegangen und hatte den Arzt gerufen, und er hatte sich ins Wohnzimmer gesetzt und gewartet, und er hatte gewünscht, jemand würde ihm eine Tasse Tee bringen, und als der

Arzt eintraf und das Zimmer betrat, konnte er natürlich nur noch feststellen, daß es aus und vorbei war mit Rose.

Jetzt, dachte Mr. Derdon, war es zwecklos, noch länger in diesem Zimmer zu verweilen. Hier war nichts zu entdecken. Er öffnete die Tür, trat hinaus in die Diele und ließ die Tür hinter sich offenstehen. Mochten seine Schwester und die Putzfrau nur hineingehen und tun, was sie für richtig hielten – aufräumen, ihre Kleider aussortieren und was noch alles. Ihm war es einerlei, was sie taten. Er ging in die Küche und sah sich um, dann verließ er die Küche wieder und blieb einen Augenblick in der Diele stehen, und dann ging er ins Wohnzimmer und setzte sich in seinen Sessel am Kamin. Er war zu müde zum Lesen und zu müde zum Denken, aber er konnte sich nicht bremsen. Es war ihm ein Rätsel, wohin ihr gemeinsames Leben entschwunden war oder weshalb sie überhaupt zusammengefunden hatten. Er erinnerte sich an den Abend, als er um sie angehalten hatte. Draußen vor der Stadt, in der sie wohnte, hatten sie zusammen auf einer kleinen Steinbrücke gestanden, die über einen Fluß führte. Er hatte gar nicht beabsichtigt, sie an jenem Abend zu fragen – er hatte vorgehabt, sie noch eine Weile zappeln zu lassen, damit sie nicht zu selbstsicher würde –, doch plötzlich wandte er sich zu ihr und sagte: »Ich habe mir gedacht, wir könnten vielleicht heiraten.« Sie starrte weiter auf das dahinfließende Wasser und antwortete nicht. Da sagte er: »Ich frage mich, ob du mich überhaupt in Betracht gezogen hast.« Sie antwortete immer noch nicht und hob nicht einmal den Kopf. Da sagte er: »Rose, um Himmels willen, bitte, wirst du mich heiraten?« Und sie hob den Kopf, sah ihn an – damals waren ihre Augen noch klar – und sagte: »Ja«, und mehr sagte sie nicht. »Ja«, hatte sie gesagt, in einem Tonfall, der entschlossen klang und ihr doch abgerungen schien, so als habe sie ja sagen wollen und sei auch darauf gefaßt gewesen, hätte das Ja jedoch gern noch ein Weilchen hinausgezögert, nur ein kleines Weilchen. Ihr Gesicht, das sie ihm an jenem Abend zugewandt hatte, war das Gesicht von jemandem gewesen, der mitten in einen tiefen See gefallen war und nicht schwimmen konnte, auf Hilfe aber eher hoffte als um Hilfe rief. »Es war unachtsam von mir, in dieses tiefe Wasser zu fallen«, schien ihr Gesicht zu besagen, »und ich bin ganz allein schuld daran, weil ich nicht schwimmen gelernt habe, aber auch wenn es dumm von mir war, nicht schwimmen gelernt zu haben, und auch wenn das Wasser tief ist, möchte ich nicht ertrinken.« Da hatte er die Arme um sie gelegt und ihr versprochen, für immer auf sie aufzupassen. Als er jetzt am Kamin saß und an jenen Abend zurückdachte, stellte er fest, daß er ihr Gesicht, so wie es damals ausgesehen hatte, ganz deutlich vor sich sah. Er konnte ihr Gesicht sehen, und in ihm all die Dinge, die es ihm in Aussicht gestellt hatte, all die Verheißungen, die sich nicht erfüllt hatten. Ihr Gang, ihr Schritt hatte mutig, frei und entschlossen gewirkt, und jetzt kam ihm wie so oft der Gedanke, daß er sich genau dieser Eigenschaften wegen in sie verliebt hatte, Eigenschaften, die sie überhaupt nicht besaß. Es war nicht Roses Schuld, daß er sich in ihr geirrt hatte. Von ferne hatte sie geleuchtet, doch in der Nähe hatte sie aufgehört zu leuchten. Dennoch, sie war fort, sie war gutherzig gewesen, und er wünschte, er könnte sie vermissen.

Als seine Schwester nach Hause kam und sah, daß die Tür zu Roses Zimmer offenstand, eilte sie ins Wohnzimmer und stellte Mr. Derdon, der am Kamin saß, zur Rede.

»Ich habe gesehen, daß die Zimmertür offensteht«, sagte sie.

»Ich finde, sie war lange genug geschlossen«, erwiderte er. »Wir können ihr Zimmer doch nicht in einen Schrein verwandeln.«

»Bist du hineingegangen?« fragte sie.

»Ja«, antwortete er. »Ich bin hineingegangen.«

Er sah zu ihr auf.

»Es ist leer«, sagte er, legte die Hände vors Gesicht und fing an zu weinen. Seine Schwester fing ebenfalls an zu weinen, sie ging aus dem Zimmer und kam gleich darauf mit einer Tasse Tee für ihn zurück. Er lehnte den Tee ab, und als sie ihm vorschlug, den Arzt zu holen, lehnte er es ab, den Arzt zu empfangen. Er wollte die Hände nicht von seinem Gesicht nehmen, und er wollte nicht aufstehen, in sein Schlafzimmer gehen und sich hinlegen, er wollte nichts anderes tun als weinen. Die Tränen schmerzten ihn. Sie taten seiner Brust und seinen Augen weh, schienen die tiefen, holzschnittartigen Furchen in seinem Gesicht und an seinem Hals herabzulaufen, und sie taten seinem Hirn weh, bis dieses ebenfalls schmerzte. Aber die Tränen liefen nicht einfach an seinen Wangen herab und trockneten dann. Vielmehr ergossen sie sich über seinen ganzen Körper und blieben haften und schlugen über ihm zusammen, und als er versuchte, sie zu unterdrücken, da er befürchtete, an ihnen zu ersticken, von ihnen umschlossen zu werden, strömten sie nur um so heftiger und schienen kein Ende nehmen zu wollen. Die Tränen steckten ihn in eine Art Zwangsjacke, und er konnte nicht sprechen. Jetzt, da er nicht sprechen konnte, wünschte er, er könnte sprechen, denn er sehnte sich danach, seiner Schwester die Wahrheit zu sagen und die Angelegenheit ein für allemal aus der Welt zu schaffen. Die Tränen schmerzten und überzogen ihn mit einem Weh, das mit jeder Minute unerträglicher wurde, doch was ihn am meisten peinigte, war sein Unvermögen, seiner Schwester zu gestehen, er weine nicht um Rose (denn tatsächlich empfand er um ihren Tod gar keine Trauer), sondern er weine um seine Unfähigkeit zu trauern (denn die arme

Rose hatte wirklich mehr verdient als eine beiläufige Entlassung aus dem Leben), vor allem aber weine er einzig und allein deshalb, weil er sich selbst bedauere. Er bedauerte sich selbst, und er weinte, mehr ließ sich dazu nicht sagen. Aber er bekam den Mund nicht auf, um es seiner Schwester mitzuteilen, und diese, selbst hilflos vor Tränen, blickte ihn fortwährend an und murmelte, wie glücklich Rose im Himmel sei, und er bekam den Mund nicht auf, um ihr zu sagen, dies alles sei nur Maskerade und er nur ein Heuchler von einem Mann, und als er, nach langer Zeit, seine Fassung endlich wiedergewann, schien es ihm nicht länger der Mühe wert, es ihr zu sagen, und so kam es, daß er es weder ihr noch irgendeinem anderen Menschen jemals offenbarte.

Editorische Notiz

Die hier versammelten Erzählungen über das Dubliner Ehepaar Hubert und Rose Derdon sind dem Band *The Springs of Affection. Stories of Dublin* (Boston/New York: Houghton Mifflin, 1997) entnommen und wurden für die vorliegende Ausgabe in der chronologischen Reihenfolge der darin geschilderten Ereignisse neu zusammengestellt. Erstveröffentlicht wurden sie wie folgt:

»The Poor Men and Women« (»Die armen Männer und Frauen«), in: *Harper's Bazaar,* April 1952

»An Attack of Hunger« (»Ein Hungeranfall«), in: *The New Yorker,* 6. Januar 1962

»A Young Girl Can Spoil Her Chances« (»Ein junges Mädchen kann sich um seine Chancen bringen«), in: *The New Yorker,* 8. September 1962

»The Drowned Man« (»Ein Mann ertrinkt«), in: *The New Yorker,* 27. Juli 1963

»A Free Choice« (»Eine freie Wahl«), in: *The New Yorker,* 11. Juli 1964

»Family Walls« (»Glaswände«), in: *The New Yorker,* 10. März 1973

Maeve Brennan im Steidl Verlag

Die Besucherin
Novelle
Aus dem Englischen und mit einem Nachwort von
Hans-Christian Oeser, 96 Seiten

*

Die junge Anastasia King kehrt nach dem Tod ihrer Mutter aus Paris traurig und einsam zu ihrer Großmutter nach Dublin zurück. Ein emotionales Katz-und-Maus-Spiel beginnt.

»Ein wunderbares, unendlich trauriges Buch, dessen größter Zauber darin besteht, daß es den Leser nicht traurig macht, sondern hoffnungsfroh.« *Frankfurter Allgemeine Zeitung*

Mr. und Mrs. Derdon
Geschichten einer Ehe
Aus dem Englischen von Hans-Christian Oeser, 192 Seiten

*

Die Derdons waren nie ein Traumpaar, doch inzwischen hat ihre Ehe längst das Verfallsdatum überschritten. Interesse ist in Gleichgültigkeit, Liebe in Abneigung umgeschlagen. Hubert quält Rose, Rose quält Hubert – bis daß der Tod sie scheidet. Eine melancholische Liebesgeschichte voller exquisiter Gemeinheiten.

»Prädikat Weltliteratur.« *Spiegel online*

Der Teppich mit den großen pinkfarbenen Rosen
Erzählungen
Aus dem Englischen von Hans-Christian Oeser, 192 Seiten

*

Mrs. Delia Bagot kümmert sich hingebungsvoll um ihre Familie. Manchmal jedoch bringt sie die Energie für ihr Leben nicht auf. Dann träumt sie davon, auf ihrem Teppich mit den pinkfarbenen Rosen einfach davonzufliegen.

»Schwebend schön erzählt Brennan davon, wie schwer es sein kann, im Leben dort angekommen zu sein, wo man hinwollte.«
Kultur SPIEGEL

Maeve Brennan

Der Morgen nach dem großen Feuer

Erzählungen
Aus dem Englischen von Hans-Christian Oeser
160 Seiten, Hardcover mit Schutzumschlag

*

Am Morgen nach dem großen Feuer hat die kleine Maeve ihren großen Auftritt: Aufgeregt schwirrt sie los und gibt in der Nachbarschaft zum Besten, was sie über den Brand in der Autowerkstatt aufgeschnappt hat. Das Mädchen genießt den kurzen Ruhm und – vielleicht zum ersten Mal – das Glück, eine Geschichte erzählen zu können. – Maeve Brennan war schon eine erfolgreiche Autorin beim legendären Magazin *The New Yorker,* als sie in ihren Geschichten nach Irland zurückkehrte. Genüßlich nimmt sie ihre Mitmenschen aufs Korn: die unwillige Braut, die ihr Leben vergeudet, die machthungrige Toilettenfrau, die unversehens in ihre Schranken gewiesen wird, die Möchtegern-Künstler, die wider alle Vernunft an ihren Träumen festhalten.

Molly McCloskey

Schöne Veränderungen

Roman

Aus dem Englischen von Hans-Christian Oeser

192 Seiten, Leineneinband mit Schutzumschlag

*

Jude hat eine Verabredung mit ihrer Vergangenheit – sie wird ihren Vater Henry wiedertreffen, der seiner Familie vor langer Zeit den Rücken gekehrt hat. Sie wird nach Oregon reisen und sich dabei Zeit lassen, Zeit, um sich erinnernd zu ihrem Vater und zu ihrer Kindheit zurückzutasten. Jude hat die Abwesenheit ihres Vaters nie verwunden, und Henry erprobt gerade sein neues, nüchternes Leben. *Schöne Veränderungen* handelt von Abhängigkeiten, doch Molly McCloskey meidet jede falsche Sentimentalität. Ihr ist das berührende, intime Porträt eines Trinkers gelungen, eine doppelte Perspektive auf einen Gescheiterten, für den es in letzter Minute doch noch so etwas wie Hoffnung gibt.

Steidl Verlag · Düstere Str. 4 · 37073 Göttingen
www.steidl.de

Ruth Johanna Benrath

Rosa Gott, wir loben dich

Roman, 176 Seiten, Hardcover mit Schutzumschlag

*

Maries Welt gerät ins Wanken: Die religiöse Strenge, mit der ihr Vater die Familie mehr schlecht als recht zusammenzuhalten versucht, wird dem Mädchen immer suspekter. Sie findet eine aufregende neue Freundin, nur um zu erleben, wie sich diese schon bald einer anderen zuwendet. Der erste Schwarm verdreht ihr den Kopf, und ihr Körper hat plötzlich unheimlich schöne Bedürfnisse, die mit Kaubonbons nicht mehr zu befriedigen sind.

Mitten in den achtziger Jahren entdeckt ein Mädchen die Liebe – die zu Ravi, einem Jungen aus ihrer Theatergruppe, aber auch die Liebe zur Mutter und die zur Literatur. Ein ungewöhnlicher Roman vom Weg zum eigenen Ich.

Molly McCloskey

Schöne Veränderungen

Roman
Aus dem Englischen von Hans-Christian Oeser
192 Seiten, Leineneinband mit Schutzumschlag

*

Jude hat eine Verabredung mit ihrer Vergangenheit – sie wird ihren Vater Henry wiedertreffen, der seiner Familie vor langer Zeit den Rücken gekehrt hat. Sie wird nach Oregon reisen und sich dabei Zeit lassen, Zeit, um sich erinnernd zu ihrem Vater und zu ihrer Kindheit zurückzutasten. Jude hat die Abwesenheit ihres Vaters nie verwunden, und Henry erprobt gerade sein neues, nüchternes Leben. *Schöne Veränderungen* handelt von Abhängigkeiten, doch Molly McCloskey meidet jede falsche Sentimentalität. Ihr ist das berührende, intime Porträt eines Trinkers gelungen, eine doppelte Perspektive auf einen Gescheiterten, für den es in letzter Minute doch noch so etwas wie Hoffnung gibt.

Steidl Verlag · Düstere Str. 4 · 37073 Göttingen
www.steidl.de

Ruth Johanna Benrath

Rosa Gott, wir loben dich

Roman, 176 Seiten, Hardcover mit Schutzumschlag

*

Maries Welt gerät ins Wanken: Die religiöse Strenge, mit der ihr Vater die Familie mehr schlecht als recht zusammenzuhalten versucht, wird dem Mädchen immer suspekter. Sie findet eine aufregende neue Freundin, nur um zu erleben, wie sich diese schon bald einer anderen zuwendet. Der erste Schwarm verdreht ihr den Kopf, und ihr Körper hat plötzlich unheimlich schöne Bedürfnisse, die mit Kaubonbons nicht mehr zu befriedigen sind.

Mitten in den achtziger Jahren entdeckt ein Mädchen die Liebe – die zu Ravi, einem Jungen aus ihrer Theatergruppe, aber auch die Liebe zur Mutter und die zur Literatur. Ein ungewöhnlicher Roman vom Weg zum eigenen Ich.

Sarah Kirsch

Sommerhütchen

Mit 23 Zeichnungen von Dieter Goltzsche
176 Seiten, Halbleinen

*

Was für ein herrlicher Sommer! Ein ganz normaler nämlich, scheinbar unspektakulärer. Die Schwalben schlüpfen, die Katze geht auf Tour, die Dichterin schreibt ihre Tagesrationen in den Laptop. Im CD-Spieler Scarlatti, im Fernsehen Irakkrieg, Fußball-Europameisterschaft und »Kommissar«, im Herzen viel Freude an der Abgeschiedenheit des Seins und den kleinen Sensationen der Natur. Niemand faßt die Beobachtung des Unscheinbaren in eine so lakonisch-poetische Sprache wie Sarah Kirsch. An ihrem 69. Geburtstag im April beginnt sie mit den Notaten dieses Buchs. Und freut sich ihres Lebens: »Oh ich schwänze so gern! Und mache was ich will.«

Christine Zuppinger

Schwalbennester

Zwei ledige Bäuerinnen erzählen

136 Seiten mit 12 Fotografien, Hardcover mit Schutzumschlag

*

Maria und Zenzi gehört ein Hof im Bayerischen Wald. Die ledigen Schwestern sind ganz normale Leute – und etwas sehr Besonderes. Die Bäuerinnen sind etwa siebzig Jahre alt, als Christine Zuppinger sie kennenlernt und wiederholt besuchen wird. Sie stecken voller Erinnerungen und sind zugleich ganz der Gegenwart zugewandt. Ein kleiner Hof als Universum, die »Welt von gestern« in einer Nußschale – in faszinierend knapper, fast wie Musik klingender Sprache hat Christine Zuppinger das Leben und die Erzählungen von Maria und Zenzi aufgezeichnet.